I0125332

Hélène Weber

Et si c'était l'alimentation?

Hélène Weber

Et si c'était l'alimentation?

Comprendre pourquoi et comment manger en bon équilibre

Éditions Vie

Impressum / Mentions légales
Bibliografische Information der Deutschen Nationalbibliothek: Die Deutsche Nationalbibliothek verzeichnet diese Publikation in der Deutschen Nationalbibliografie; detaillierte bibliografische Daten sind im Internet über http://dnb.d-nb.de abrufbar.
Alle in diesem Buch genannten Marken und Produktnamen unterliegen warenzeichen-, marken- oder patentrechtlichem Schutz bzw. sind Warenzeichen oder eingetragene Warenzeichen der jeweiligen Inhaber. Die Wiedergabe von Marken, Produktnamen, Gebrauchsnamen, Handelsnamen, Warenbezeichnungen u.s.w. in diesem Werk berechtigt auch ohne besondere Kennzeichnung nicht zu der Annahme, dass solche Namen im Sinne der Warenzeichen- und Markenschutzgesetzgebung als frei zu betrachten wären und daher von jedermann benutzt werden dürften.

Information bibliographique publiée par la Deutsche Nationalbibliothek: La Deutsche Nationalbibliothek inscrit cette publication à la Deutsche Nationalbibliografie; des données bibliographiques détaillées sont disponibles sur internet à l'adresse http://dnb.d-nb.de.
Toutes marques et noms de produits mentionnés dans ce livre demeurent sous la protection des marques, des marques déposées et des brevets, et sont des marques ou des marques déposées de leurs détenteurs respectifs. L'utilisation des marques, noms de produits, noms communs, noms commerciaux, descriptions de produits, etc, même sans qu'ils soient mentionnés de façon particulière dans ce livre ne signifie en aucune façon que ces noms peuvent être utilisés sans restriction à l'égard de la législation pour la protection des marques et des marques déposées et pourraient donc être utilisés par quiconque.

Coverbild / Photo de couverture: www.ingimage.com

Verlag / Editeur:
Éditions universitaires européennes
ist ein Imprint der / est une marque déposée de
AV Akademikerverlag GmbH & Co. KG
Heinrich-Böcking-Str. 6-8, 66121 Saarbrücken, Deutschland / Allemagne
Email: info@editions-ue.com

Herstellung: siehe letzte Seite /
Impression: voir la dernière page
ISBN: 978-3-639-48235-5

Copyright / Droit d'auteur © 2013 AV Akademikerverlag GmbH & Co. KG
Alle Rechte vorbehalten. / Tous droits réservés. Saarbrücken 2013

Pour mes enfants

Laurent : mon étoile

Virginie : mon soleil

Remerciements à

Asli pour le temps passé aux corrections

Mokhtar pour ses encouragements

Laurent qui ne lira pas ce livre

Virginie qui me donne le courage d'avancer

Ma famille et mes amis qui me soutiennent dans mon chemin de vie

Mes patients qui m'ont tant appris et qui me font confiance

TABLE DES MATIERES

Introduction

1. Les Glucides
2. Les Lipides
3. Les Protéines
4. Les Autres Nutriments
5. Les Aliments
6. Les Aliments transformés
7. Le Stress oxydatif
8. La Fonction intestinale

   A. Je désire perdre du poids
   B. Je désire maintenir mon poids
   C. J'ai des compulsions sucrées
   D. Je suis stressé
   E. Je suis ménopausée
   F. Je suis sportif
   G. Je suis végétarien
   H. Je suis intolérant
   I. Je suis fatigué
   J. Je combats le cancer
   K. Je combats le cholestérol

INTRODUCTION

Médecin généraliste depuis plus de 25 ans, j'ai toujours aimé mon métier. Au début de ma carrière, je soignais mes patients de façon traditionnelle (curative), et puis, progressivement, j'ai commencé à mon tour à éprouver un mal être, celui de ne pas pouvoir les aider mieux. L'idée de prévenir les maladies est devenue de plus en plus présente et j'ai fait le grand saut vers une autre médecine : celle de la prévention.

Dans nos sociétés occidentales, la prévention n'a pas une grande place en termes de santé : on préfère s'occuper des problèmes lorsqu'ils surviennent. Les médecins soignants débordent de travail et ont de plus en plus de mal à prendre le temps d'écouter, de raisonner et de se positionner vis-à-vis du patient. Pour moi, la prévention est devenue plus qu'un métier : c'est une passion, une raison d'être. Car prévenir la maladie, c'est responsabiliser son patient ! Les médecins qui pratiquent cette approche doivent parfois investir beaucoup d'énergie pour être entendus et écoutés, mais les résultats peuvent s'avérer à ce point impressionnants que l'importance de cette médecine ne fait aucun doute.

Le but n'est pas de vivre plus longtemps mais de mieux vivre sa vieillesse, en étant en meilleure santé. Comment peut-on être bien dans sa tête si on n'est pas bien dans son corps? Et inversement. On est vite pris dans une spirale infernale: *je suis stressé, je mange vite et mal, je suis fatigué, je n'ai plus la force de faire du sport, et donc ... je suis encore plus stressé et j'attends les vacances avec impatience car je suis épuisé*. Il faut souvent une aide extérieure pour prendre conscience et pouvoir se libérer de ce cercle vicieux.

L'approche de la médecine préventive m'a enseigné beaucoup de réalités. Tout d'abord, elle m'a rappelée combien la maladie est difficile à vivre, une fois installée. Les médicaments prescrits aux malades ont de nombreux effets secondaires et doivent parfois être pris à long terme. La dépendance envers autrui est difficile à vivre lorsqu'elle se présente et un mal-être s'installe vite, suivi de souffrances chroniques. En d'autres termes, et comme le souligne le dicton: *Tout va bien tant que la santé est bonne.*

J'ai également appris à entendre, et surtout à écouter les gens. J'ai ainsi compris que de nombreuses personnes souhaitent modifier leurs habitudes, mais n'y arrivent pas ! Socrate disait : « *Ce qui fait l'homme, c'est sa grande faculté d'adaptation* ». Dans le même temps, on sait tous combien il est difficile de lâcher prise et de reconstruire un corps avec lequel on se sent en harmonie.

Enfin, mon expérience personnelle m'a appris à ne pas porter de jugement envers les personnes qui m'ont consultée. J'ai donc moi aussi vécu le stade de l'apprentissage des bases d'une bonne alimentation : comment et pourquoi bien manger ? Cela m'a aidé à respecter les règles sans frustrations.

De nos jours, tant d'informations différentes et contradictoires circulent sur la bonne façon de se nourrir que nous en perdons tous notre latin. Il me semblait utile de reprendre les fondements de la nutrition dans cet ouvrage et de remettre de l'ordre dans nos esprits. Les industries alimentaires, les publicités peu avisées et les processus de transformation des aliments sont, entre autres, les coupables de nos désordres alimentaires.

Le rôle d'un médecin est de contribuer à préserver la santé de ses patients et d'aider à la recouvrir, mais aussi de les aider de façon plus globale. Cela passe par une écoute, l'enseignement de certaines vérités, des propos réconfortants, des conseils sportifs, esthétiques, féminins, et aussi… nutritionnels.

Cet ouvrage sert de guide pour vous aider à retrouver les bonnes habitudes alimentaires grâce à une meilleure compréhension de la nutrition. Il sert surtout à se poser les bonnes questions et à trouver les bonnes réponses.

PSYCHONUTRITION

N'est ce pas le bon moment pour prendre conscience de certaines manipulations de nos esprits, et pour reprendre le pouvoir sur notre situation? Notre santé et notre planète nous en seront reconnaissants car, si chacun les respecte, tous ensemble, nous pourrons accomplir de grands changements.

« Parce que je le vaux bien ! »

Le maquillage et les faux ongles, les mèches chez le coiffeur, les soins chez l'esthéticienne, le shopping et les beaux vêtements, le botox et les crèmes anti-rides, on ne recule devant rien, quel qu'en soit le prix.

La beauté extérieure est pourtant fortement influencée par notre alimentation. La peau, comme tout autre organe, est en continuel renouvellement. Elle a donc besoin d'apports quotidiens en nutriments. Et si on ne lui apporte pas assez de vitamines, de minéraux et d'antioxydants, elle a moins d'atouts pour préserver sa jeunesse.

Nous aimons tous « nous faire beau » mais nous oublions souvent que la vraie beauté vient de l'intérieur, et que le gardien de cette beauté est, entre autres, notre alimentation. Mal se nourrir, c'est risquer l'apparition de petits bourrelets suivis d'un mal-être certain. Et si on n'en tient pas compte, les problèmes de santé s'installeront, de façon insidieuse d'abord, et récurrente ensuite. En effet notre corps nous parle et il est important d'être à son écoute.

La nutrition c'est consommer les aliments dont on a besoin ! Si on ne mange pas assez de calcium, comment l'os pourra-t-il préserver sa solidité? Si on fait l'impasse sur les omégas 3, comment notre cerveau pourra-t-il fonctionner correctement ? Et si on boude les fruits et les légumes, comment notre intestin pourra-t-il remplir son rôle ?

En somme, tout comme une voiture ne pourra rouler sans une essence adaptée et de qualité, notre corps ne pourra pas être au meilleur de sa forme sans une bonne alimentation.

Etre ou avoir ?

La société moderne a tendance à nous faire croire que l'Avoir va nous conduire à l'Etre. Et si c'était précisément le contraire ? Et si la course au matérialisme ne faisait qu'alourdir notre stress en augmentant nos responsabilités, nos jalousies, nos ennuis et nos peurs ?

Nous sommes pourtant tous capables d'Etre sans Avoir et de construire une vie emplie de satisfactions et de plénitude, sans pour cela posséder beaucoup de choses, mais en cultivant d'abord notre amour de soi et des autres.

Ce constat s'avère également en nutrition: *quand je perds l'habitude de consommer des sucreries ou du vin tous les jours, qu'est ce que je suis heureux d'y être arrivé !* Et lors d'une sortie, le dessert pris par plaisir ou le verre de vin dégusté avec passion conduira à un vrai moment de bonheur, loin de toute dépendance ou d'excès nocifs.

Pour parvenir à ce stade, il suffit d'apprendre à lâcher prise. En d'autres termes : quitter nos habitudes et notre mode éducatif pour réapprendre à se connaître. Notre éducation nous a en effet éloigné de nous mêmes à coups de *« Tu dois…! »*. La vie devient ainsi une pièce de théâtre dans laquelle nous avons un rôle à jouer. Nous ne savons plus ce que nous voulons, ni ce qui est bon ou juste pour nous. Et pourtant, apprendre à se connaître, à ne pas se juger, à se respecter, à rire de ses défauts et à développer ses qualités, c'est la base d'un équilibre personnel retrouvé.

L'art de cultiver nos différences

Nous sommes tous différents et c'est cette diversité qui fait le charme de la vie.

Imaginez la tristesse d'une forêt ne contenant que les mêmes arbres, ou celle d'un jardin décoré des mêmes fleurs ! Chaque arbre ou chaque fleur a sa place et son rôle distinct: une fleur n'aura pas la solidité d'un chêne mais le chêne n'aura pas les couleurs d'une fleur. Si la variété d'une forêt en fait son charme, n'en est-il pas de même pour les êtres humains?

Nous avons chacun notre couleur de cheveux et d'yeux, notre taille et notre métabolisme. Pourquoi ne pas accepter cette diversité et vouloir mesurer 1.90m quand on en fait 1,60 m, ou peser 48 kg quand on en a 70 ? Une condition prévaut toutefois pour tous: il faut apprendre ou réapprendre les règles alimentaires de base, qui sont les mêmes pour tout le monde : hommes, femmes, petits et grands, chênes ou fleurs…

Prendre conscience de nos similitudes

Nous avons tous les mêmes besoins alimentaires, notamment pour les produits de la chasse, de la pêche, de la cueillette et de la culture. Ces produits nous apportent tous les nutriments nécessaires au maintien de notre santé et de notre bien-être. La nutrition touche l'Avoir et l'Etre, car toute personne qui est parvenue à se doter de bonnes habitudes alimentaires se sentira très vite mieux dans sa peau, tant physiquement que psychologiquement. Les changements sont très rapides et font plaisir à voir : on dira souvent de ces personnes qu'*elles rayonnent*.

Apprendre à manger sainement est à la portée de tous. Il suffit de ne pas considérer ce changement comme « un mauvais moment à passer » mais comme une nouvelle étape de vie, celle qui conduira à davantage d'amour de soi en passant par un plus grand respect de son corps.

Apprendre à se respecter

Il est souvent plus facile d'acquiescer que de refuser. On a peur de heurter la personne qui a cuisiné pour nous et qui nous dit : *« Mais tu es bien comme cela ! Tu n'as plus besoin de maigrir ! Ce n'est pas pour une fois! J'ai préparé le plat que tu adores ! J'ai fait ce dessert rien que pour toi ! »*

L'important est de ne pas accorder davantage d'importance aux autres qu'à soi-même et de rester à l'écoute de ses propres désirs. Si cela nous fait plaisir, pourquoi culpabiliser en mangeant ce petit morceau de gâteau maison, fait avec amour ?

Dans le même temps, il est parfois nécessaire de suivre un vrai régime avant de prendre le cap d'une bonne nutrition, sous peine de devenir une droguée des régimes *(« Je suis continuellement en régime!»)*. Il est certain que si on n'utilise pas les bons outils, on ne peut pas y arriver, même si la motivation est grande.

De nombreuses femmes préparent un repas différent pour chaque membre de leur famille : une pizza réclamée à corps et à cris par les enfants, un steak frites pour le mari…quant à elles, elles s'oublient. Les grignotages deviennent alors une nécessité pour satisfaire leurs propres envies!

Le retour aux sources

La vie moderne nous éloigne de la façon de dire « je t'aime » via la préparation d'un bon repas autour d'une belle table. Qui en est responsable? La manipulation des esprits par la publicité qui vante les produits préparés ? Les mauvaises habitudes? Le manque de temps?

Il est pourtant si réconfortant de se rappeler l'odeur de la cuisine de nos grands-parents, des crêpes qu'on faisait sauter les jours de pluie, des petits plats préparés en famille avec le dernier né couvert de farine, ou encore le pain qui embaume toute la maison et dont on surveille la cuisson avec impatience!

N'est-il pas temps de comprendre que l'on a dévié dans une mauvaise direction, celle de l'alimentation sans odeur et sans goût, celle des consoles de jeux, celle du portable qui coupe toute communication, celle de la fatigue et de la dépression?

La démarche nutritionnelle est à cet égard similaire à celle de l'écologie. Tout comme nous réalisons aujourd'hui que la planète réclame notre aide et nous en prenons conscience, chacun à notre rythme, il en va de même pour la nutrition ; les problèmes de poids et de santé, tant physiques que psychiques, sont de plus en plus répandus. Il est donc grand temps de prendre conscience de la nécessité de changer son mode de vie, tant écologique qu'alimentaire.

En effet, quand on mesure l'impact des colorants sur l'activité cérébrale, il n'y a qu'un pas pour imaginer qu'ils sont peut-être responsables des difficultés de concentration chez les enfants, et des troubles psychiques chez les adultes. De même, une étude réalisée au Canada a démontré que l'arrêt des arômes permettait aux patients de retrouver leur poids idéal assez rapidement. Toutes ces découvertes nous prouvent le besoin de repartir vers une vie plus saine, mais également d'agir collectivement, car ce n'est qu'en grand nombre que nous pourrons changer les choses !

Quel est le but de la vie ?

Pourquoi ne pas tenter de gravir la montagne de la sagesse et quitter ainsi la plaine où tous courent, se bousculent et s'oublient? Le but ne sera pas forcément d'atteindre le sommet, mais plutôt de s'armer de son sac à dos, de son courage et d'entamer l'escalade.

Cela nécessite une bonne préparation, car on ne fait pas d'escalade sans un minimum d'entraînement. On ne devrait pas non plus se décourager à la moindre épreuve sur notre chemin, mais au contraire apprendre à l'affronter et à poursuivre notre route. La vie est semée d'embûches ; il nous revient de trouver notre bon rythme, en comprenant nos erreurs et en en tirant des leçons de vie.

Les peurs qui nous collent à la peau nous paralysent bien souvent. L'idéal est d'en prendre conscience et de les vaincre pour faire place au désir.

Pour ce faire, il importe de ne pas regarder le chemin déjà parcouru, car regarder en arrière peut donner le vertige, voire nous faire trébucher. On ne devrait pas non plus fixer le sommet, car on risque alors de se décourager en prenant conscience du chemin qu'il reste à parcourir. Il nous faut avancer pas à pas, dans le moment présent, en prenant du plaisir à chaque foulée. Enfin, il peut arriver qu'on se sente bien seul sur son chemin, car chacun marche à son rythme ; mais lorsqu'on s'arrête un peu pour reprendre son souffle, quel superbe paysage se dévoile alors à nous!

Il nous faut en définitive une bonne énergie pour pouvoir escalader une montagne. Cela demande à son tour une bonne hygiène de vie, un minimum de sport, une alimentation saine et un petit travail sur soi de lâcher prise et de réapprentissage du désir. *Désir de changer et désir de se faire du bien.*

Nutrition et séduction

A l'évidence, il est plus facile de séduire avec du champagne et des fraises qu'avec une pizza !

Il est par ailleurs amusant de constater que nourriture et séduction sont fortement liées, à l'image des expressions suivantes:

> *Une peau de pêche*
> *Une crème d'homme*
> *Elle est belle à croquer*
> *Il boit ses paroles*
> *Il la mange des yeux*
> *Bon comme du bon pain*
> *Elle me donne de la chair de poule*
> *Des yeux noisette*

Mais aussi :

> *Quel boudin*
> *C'est une bonne poire*
> *Il n'a pas un radis*
> *Quelle nouille...*

Tout comme en séduction, il faut réapprendre à trouver le temps de manger. Car si on refuse le fast food comme le fast sexe, on retrouve du plaisir, on est mieux rassasié et on n'éprouve pas le besoin de remettre le couvert 2 minutes après ! On ne ressent aucune frustration mais que du bonheur ! Pourquoi donc ne pas redécouvrir notre sens de la satiété en transformant nos besoins en désirs ?
Le plaisir de manger

Et si on réévaluait les repas comme un bon moment, comme un plaisir qui se partage, comme une façon de dire « je t'aime » ? Nous avons tous besoin de câlins mais il ne faut pas qu'ils deviennent des habitudes, car ils perdent alors tout leur pouvoir de réconfort.

La nourriture ne doit pas constituer un moyen d'échapper à des difficultés de vie, car elle conduira bien vite à une nouvelle problématique, celui de la prise de poids et des problèmes de santé qui en résultent. Le grignotage d'ennui peut être résolu par une passion. Le grignotage de nervosité peut être évité en pratiquant du sport, en écoutant de la musique, en jouant avec les enfants ou à un jeu de société, en lisant un magazine ou un bon livre, ou encore en promenant son chien. Et si c'est le temps qui nous manque pour cuisiner, pourquoi ne pas envisager d'instaurer une tournante sur son lieu de travail, où chacun apporterait à son tour un plat cuisiné maison, ou encore demander de l'aide à ses proches pour préparer le repas familial ?

Il est important de connaître la cause de nos dérapages et d'y remédier via des solutions durables qui nous remettront sur la voie de l'alimentation plaisir.

Au-delà de la nutrition : apprendre à s'aimer

Et si enfin, l'ultime moyen pour éviter les compulsions alimentaires était d'apprendre à s'aimer ? Cela demande un travail qui dépasse le strict domaine de la nutrition car, pour s'aimer, il faut savoir qui on est vraiment.

S'aimer, c'est être en équilibre entre nos capacités de donner et de recevoir. Si cela peut s'avérer aisé pour certains, c'est parfois très difficile pour d'autres. Il est en effet souvent plus facile de donner que de recevoir. Et pourtant, la personne qui donne mais qui reçoit difficilement est en déséquilibre et aura souvent tendance à compenser sur le plan alimentaire. Or, accepter de recevoir de l'autre, c'est lui permettre de donner et donc d'être heureux. En somme, en refusant de recevoir, je prive l'autre d'une source de bonheur!

S'aimer, c'est refuser cette carapace qui nous empêche de voir, de sentir, de souffrir mais d'être heureux aussi ! On vit souvent dans l'ambivalence : je voudrais perdre du poids mais, dans mon inconscient, j'en ai peur car si je deviens belle, je risque de séduire et donc d'avoir à nouveau mal. Quand on a un surpoids, on prend de la place physiquement, et pourtant on se fait petit, on n'ose pas, on a peur du jugement des autres, on manque de confiance, on ne se séduit pas et donc on ne se sent pas apte à séduire pas les autres.

S'aimer c'est permettre aux autres de nous aimer ! Il me semble tellement important d'être d'abord en amour avec soi-même avant de l'être avec les autres. On pourra ensuite demander aux autres de nous respecter, de ne pas nous juger, de nous accepter avec nos qualités et nos défauts bref : de nous aimer.

S'aimer c'est également aimer les autres ! Et si on était juste un miroir ? Quand je suis agressive, l'autre le devient ; quand je suis nerveuse, les enfants le deviennent ; quand je suis calme, les malades s'apaisent. Donc, quand je suis heureuse, je rayonne et je reçois en retour des ondes positives des autres. Pourquoi alors éprouver le besoin de vider son frigo ?

En s'aimant, la vie devient plus fluide et les compensations alimentaires perdent de leur nécessité.

LES BASES DE
L'ALIMENTATION

LES GLUCIDES

Bonbons, gâteaux, biscuits, crêpes, glaces, chocolat … que du bonheur ! Ces mots nous mettent l'eau à la bouche et en manger, nous donne du plaisir à tout âge. Les glucides ne se trouvent pas que dans les sucreries mais aussi dans les légumes, les fruits, les pâtes, le riz, le pain… on en mange partout et tout le temps ! Qui sont-ils et quels sont leurs rôles ?

Sous le terme général de « glucides », également appelés « sucres » ou « hydrates de carbone », on retrouve toutes les substances qui, une fois digérées, fournissent du glucose, c'est-à-dire le carburant de base de nos cellules. Il n'y a pas qu'un seul sucre mais différents glucides qui se différencient par leur structure et par leur effet sur la glycémie (taux de sucre dans le sang).

Sucres ou glucides simples

La typologie qui suit recense les différents types de sucre et les aliments dans lesquels on les retrouve :

- Glucose :   miel, fruits, légumes.

- Fructose :   miel, fruits, légumes.

- Galactose : peu dans l'alimentation.

- saccharose : canne, betterave, fruits, légumes.

- Lactose : lait.

- Maltose : orge germé (bière).

Le *fructose* est le sucre présent dans les fruits et le miel. Il ne provoque pas d'élévation ni de la glycémie ni de l'insuline mais est transformé dans le foie en glucose et peut ainsi fournir notre énergie ou être source de graisse.

Le *saccharose* ou sucre de table, est une combinaison de glucose et de fructose. 5 g correspondent à 1 morceau de sucre. Il est important de lire les étiquettes pour connaître la quantité de sucre ajoutée au produit. Idéalement, on ne devrait pas dépasser 40 g de saccharose par jour, sans compter le sucre des fruits et des légumes.

Le *lactose* ou sucre du lait, est une combinaison de glucose et de galactose dont la présence disparaît, le plus souvent, dans les produits laitiers transformés par des ferments lactiques (les yaourts ou les fromages). Il est à noter que de nos jours on rencontre de plus en plus d'intolérance au lactose.

Glucides complexes ou Polysaccharides

On distingue ici les glucides complexes assimilables et non assimilables.

- **Les glucides assimilables** sont pourvus de liaisons que nos enzymes digestives peuvent découper. On retrouve ces glucides soit dans l'amidon, soit dans le glycogène :

  L'Amidon :

  C'est la forme de stockage d'énergie chez les plantes. Il est dépourvu de pouvoir sucrant mais sert d'épaississant en cuisine car il forme un gel lorsqu'il est cuit dans l'eau. Il se retrouve dans les céréales, les tubercules, les légumineuses et les fruits.

  Le glycogène est la forme de stockage d'énergie chez les humains ou les animaux. Il se retrouve essentiellement dans le foie et les muscles. Il est peu présent dans les aliments car il disparaît vite chez l'animal abattu. Le glycogène musculaire n'est utilisable que par le muscle.

- **Les glucides non assimilables** -ou fibres alimentaires- n'ont aucune valeur nutritive ou énergétique. Ils peuvent être solubles ou insolubles.

  Solubles: sous le nom de pectine, gomme, mucilage.

  Ils servent de nourriture à notre flore et permettent le contrôle de l'assimilation du sucre et des graisses. Il est donc très important d'en manger si on désire avoir un contrôle de son poids !
  On les retrouve dans :   - les légumineuses (lentilles, pois, haricots blancs, fèves,…)
                        - les fruits.

  Insolubles: sous le nom de cellulose, hémicellulose, lignine.

  Ils gonflent au contact de l'eau, bloquant ainsi la sensation de faim et améliorant le transit intestinal.
  On les retrouve dans: - les légumes verts
                       - les céréales complètes (pain, riz, pâtes complètes)

Quel est le rôle du sucre ?

En plus d'être un excellent réconfortant pour le moral **(rappelez vous votre enfance), de constituer un besoin ponctuel chez certaines femmes au moment des règles, ou plus simplement d'être une façon de finir un repas en beauté, le sucre sert aussi au bon fonctionnement de notre organisme.**

Les sucres doivent être digérés ou scindés grâce aux enzymes digestives avant d'être absorbés et utilisés. Les fibres alimentaires solubles ont des liens qui résistent à nos enzymes mais que les bactéries de notre flore intestinale peuvent couper. Cela leur permet d'être les seules à pouvoir manger ces sucres, qu'ils digèrent, et ainsi de se nourrir.

Dans les cellules, ils se transforment en **énergie** (ATP) ce qui permet au corps de fonctionner. Cette transformation nécessite de l'oxygène, car sans oxygène on ne fait que peu d'ATP.

Le sucre, sous l'effet de l'oxygène, se transforme en énergie avec production de radicaux libres (voir stress oxydatif).

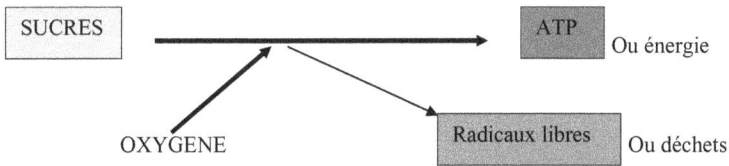

Le sucre dont on n'a pas besoin dans l'immédiat, sera stocké car il ne peut pas rester dans le sang, étant trop toxique. Ce **stockage** se fait dans les muscles pour que ceux-ci n'en manquent jamais (glycogène musculaire), dans le foie pour pouvoir être distribué à tout le corps en cas de besoin (glycogène hépatique) et…dans les cellules graisseuses (triglycérides)! Le trop plein de sucre donne donc des amas graisseux guère appréciés, qu'on appelle aussi petits bourrelets !

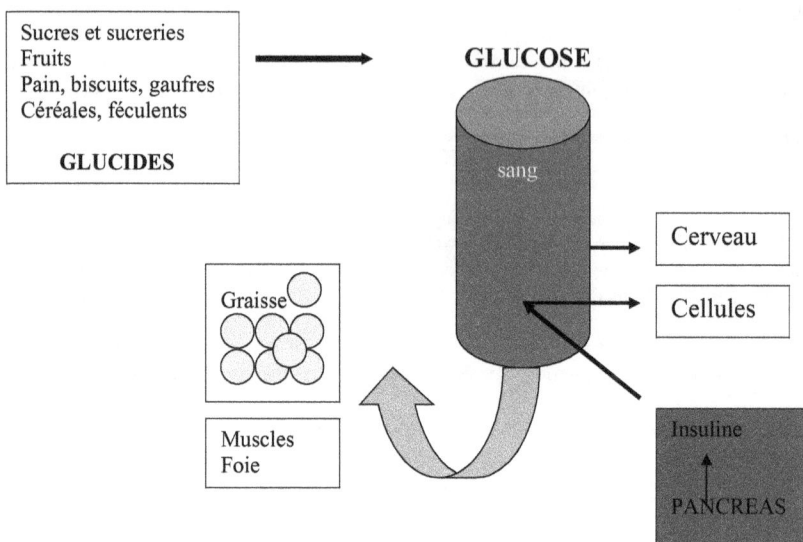

Les sucres, une fois dans notre sang, font appel à l'insuline pour pouvoir pénétrer dans les cellules sauf dans les cellules cérébrales où ils rentrent naturellement.

Les sucres servent aussi à la **fabrication** d'autres molécules comme l'os, le cartilage, la peau……

Les **fibres**, quant à elles, ont différents rôles en fonction de leur solubilité. Lorsqu'elles sont solubles, elles permettent de nourrir la flore intestinale. Quand elles sont insolubles, elles se gonflent d'eau. Cela entraîne un ralentissement du bol alimentaire améliorant la digestion et l'absorption des nutriments. Au niveau gastrique, cet effet de gonflement donne lieu à une sensation « coupe faim » et au niveau intestinal, il donne du volume aux selles et combat ainsi la constipation.

Qu'advient-il si on consomme trop de sucre ? :

Quand on absorbe une trop grande quantité de sucre, il fait appel à l'insuline pour pouvoir entrer dans les cellules. Il y a alors, une forte sécrétion de cette hormone pancréatique et le sucre quitte le sang trop vite avec une réaction d'**hypoglycémie** (trop peu de sucre dans le sang) dans les heures qui suivent sa prise. Cette hypoglycémie conduit à son tour à une sensation d'anxiété, à des palpitations, à un coup de fatigue, à des maux de tête, à des difficultés de concentration… Il s'en suit une sécrétion d'adrénaline, une hormone surrénalienne qui augmente le taux de sucre dans le sang et qui provoque nervosité, agressivité, tremblements…

Si on en consomme trop souvent ou en trop grande quantité, le pancréas va se fatiguer, ce qui conduit à une diminution progressive de la sécrétion d'insuline. Le sucre ne pourra plus entrer dans

16

les cellules et restera dans le sang avec le risque de voir apparaître un **diabète**. Le sucre va alors abîmer les vaisseaux et le cœur et on court le risque de problèmes cardio-vasculaires.

Si le **cholestérol** vient en partie de l'alimentation, il est surtout fabriqué dans le foie à partir du sucre. Lors d'une alimentation trop sucrée, on risque une augmentation du LDL (le mauvais cholestérol), couplée à une diminution du HDL (le bon cholestérol) et une augmentation des triglycérides.

Le sucre va se mettre en dépôt dans les cellules graisseuses et générer une ceinture abdominale peu esthétique mais surtout dangereuse comme on le verra plus loin (**syndrome métabolique**).

N'oublions pas non plus que le sucre provoque des **caries dentaires** car il sert de nourriture aux bactéries présentes dans la plaque dentaire. Elles le transforment en acides qui attaquent l'émail dentaire.

Il sert aussi de nourriture aux **candida** albicans (voir perméabilité intestinale).

On parle aussi de plus en plus de son rôle dans le développement des **cancers**.

Quelles sont les hormones qui contrôlent le taux de sucre sanguin (la glycémie) ?

L'*insuline* est la seule hormone hypoglycémiante (participant à faire baisser le taux de sucre dans le sang). Elle est sécrétée par le pancréas lorsque la glycémie augmente.

Dans le même temps, quand la glycémie est trop basse, d'autres hormones sont sécrétées afin de maintenir un bon niveau de sucre sanguin : *glucagon – adrénaline – cortisol – hormone de croissance – hormone thyroïdienne.*

L'Index glycémique des aliments (IG)

Sur le plan nutritionnel, on classe les glucides selon leur capacité à augmenter la glycémie.

Il y a quelques années, on considérait que les glucides simples (sucreries) étaient rapidement assimilés et augmentaient fortement la glycémie. Ils représentaient les mauvais sucres.

A l'inverse, les glucides composés (féculents) étaient réputés être lentement assimilés, élevant peu la glycémie et donc étaient considérés comme de bons sucres.

En fait, des glucides simples comme le fructose augmentent peu la glycémie, et peuvent être assimilés à des sucres lents, alors que l'amidon raffiné du pain blanc est très vite scindé et se comporte comme un sucre rapide.

On a donc défini pour chaque aliment un IG qui correspond à l'intensité avec laquelle cet aliment augmente la glycémie.

Ainsi quand on mange un morceau de sucre, l'IG est de 100 mais quand on croque une pomme, l'IG n'est qu'à 40 et c'est donc bien meilleur pour la santé.

Le conseil nutritionnel s'orientera par conséquent vers la consommation d'aliments qui ont le plus faible IG possible, provoquant ainsi une réponse insulinique faible.

Mais les IG des aliments sont aussi influencés par :
- des variations individuelles
- la présence de fibres : le pain blanc a un index de 90 mais le pain complet a un index de 50 car les fibres cachent le sucre
- la cuisson des aliments et leur préparation :
   => une pomme de terre à un IG de 52, mais la purée en accusera 85
   les pâtes al dente ont un IG de 40, mais les pâtes trop cuites peuvent monter à 60-70
- le moment de leur consommation.

Malgré leur bon IG, il faut éviter la consommation excessive de fruits en dépit de leur bonne réputation. Ils renferment en effet 3 morceaux de sucre par 100g (soit une pomme = 5 morceaux de sucre). Le fruit en dessert est par contre une excellente idée !

Les produits laitiers ont un IG bas car ils n'augmentent presque pas le taux de sucre sanguin, cependant ils augmentent le taux d'insuline qui est l'hormone de stockage ! Il est donc ici aussi préférable d'éviter les yaourts en en-cas chez les adultes qui souhaitent maintenir leur poids.

Et si on a faim au milieu de la matinée ou lors du goûter ? quel en-cas prendre alors ? Les fruits et les produits laitiers ou mieux, les produits à base de soja, restent la meilleure des solutions. Les légumes, soupes ou jus de légumes, quelques amandes ou noix peuvent aussi nous aider à attendre l'heure du repas. Il faut essayer de résister aux sucreries, même aux produits dits « sains » car le sucre appelle le sucre …

Faible index glycémique	Index glycémique moyen	Fort index glycémique
-Oranges, pommes, poires, pêches, prunes	-bananes, kiwis, abricots, raisins	-dattes, figues, ananas, pastèques, bananes mûres
-jus d'orange, de pomme de pamplemousse	-légumes	-pain blanc
	-riz brun ou à cuisson lente	-riz blanc à cuisson rapide
-pâtes al dente	-pommes de terre vapeur	-purée de pomme de terre
-pain complet, de seigle	-ebly	-céréales de petit déjeuner
-légumes secs	-miel, chocolat	-viennoiseries et biscuits
-porridge, all bran	-produits laitiers	-sucre, bonbons, confiture
		-sodas
bons	moins bons	mauvais

18

Quelques conseils :

-   Evitez les IG élevés pour éviter les calories vides, les hypoglycémies, les graisses cachées et l'obésité.
-   Evitez les sodas (sucrés et édulcorés) qui maintiennent une sécrétion insulinique élevée durant toute la journée, les aliments ingérés seront ainsi stockés davantage.
-   Prenez des aliments à IG bas pour provoquer la satiété et augmenter les capacités d'endurance.
-   Après une épreuve sportive, prenez des aliments à IG élevé pour refaire plus vite les réserves de glycogène. C'est le seul moment où il est utile de manger une sucrerie.
-   Ne prenez les aliments à IG élevé que vers le milieu de la journée, ils seront moins facilement stockés que s'ils sont consommés le matin ou le soir. Donc le morceau de chocolat se prend à midi ! chocolat au gingembre, au thé vert, à l'écorce d'orange…
-   Limitez la consommation de plats cuisinés industriels, de yaourts aux fruits, etc. qui contiennent du sucre rajouté. Il est fréquent de penser que, comme le produit est d'appellation « light », on peut le manger sans restriction (voyez l'étiquette et calculez par vous-même en tenant compte que 5g de glucose = 1 morceau de sucre).

Edulcorants ou faux sucres

On distingue ici les édulcorants naturels de ceux de synthèse.

Les édulcorants naturels sont à leur tour de deux types:

-   Le *fructose*: provient des fruits mais surtout de la fabrication industrielle à partir de sirop de maïs. Il se retrouve dans les produits pour diabétiques. Il augmente la masse adipeuse de façon indirecte en activant la fabrication de graisse à partir du foie et de façon directe en se transformant en glucose.

-   Les *polyalcools ou polyols* sont des dérivés du sucre couramment utilisés par l'industrie agroalimentaire. Ils incluent entre autre le *sorbitol, le mannitol*, le *xylitol*. Il en faut de petites quantités pour avoir le même effet sucrant que celui du vrai sucre. Ils sont deux fois moins caloriques que le sucre (2 Kcal /gr contre 4 Kcal /gr) Ils ne donnent pas de caries et peuvent être cuisinés. Cependant, lorsqu'ils sont pris en grande quantité, ils provoquent de la flatulence, de la diarrhée et des douleurs abdominales. On en trouve surtout dans les confiseries et dans les chewing-gums.

Les édulcorants de synthèse:

Il s'agit de molécules non glucidiques qui possèdent un pouvoir sucrant considérable, ce qui permet de les utiliser en très faibles doses pour sucrer les aliments. On trouve parmi ces édulcorants :

-   La *saccharine:* de moins en moins employée dans l'industrie, elle a un pouvoir sucrant de 300 à 400 fois supérieur au sucre (il en faut donc 300 fois moins pour un même effet). Elle est amère, ne se cuit pas, ne peut être prise en cas de grossesse et fait l'objet d'études sur le risque du cancer.

19

- *Le cyclamate*: édulcorant de table, il est doté d'un pouvoir sucrant 30 fois plus élevé que le sucre. Il n'est pas amer, il se cuisine, mais est lui aussi critiqué sur le plan médical.

- *L'aspartame* : pouvoir sucrant de 100 à 200 fois supérieur, il est l'édulcorant de synthèse le plus employé. De nature protéique, il est formé de l'association de deux acides aminés dont la phénylalanine et ne peut pas être chauffé. Contre-indiqué chez les patients souffrant de phénylcétonurie, on le suspecte de provoquer des tumeurs cérébrales.

- *L'acésulfame-K* : 100 à 200 fois plus sucrant que le sucre, on le retrouve surtout dans les boissons. Il peut être chauffé et sa valeur énergétique est nulle.

- *Sucralose* : synthétisé à partir du saccharose, sa transformation empêche les enzymes digestives de le rendre assimilable par l'organisme. Sa valeur énergétique est nulle. Il peut être chauffé. Son coût est la cause de son emploi modéré.

Ces différents édulcorants sont souvent associés entre eux dans un même produit pour masquer leur goût amer. Par ailleurs, l'étiquetage « sans sucre » ou « édulcoré à l'aspartame » n'exclut pas la présence d'autres sucres, d'où l'intérêt de lire l'étiquette des aliments et de juger par soi-même le taux de glucides présents. Enfin, les produits « light » ou « édulcorés » contiennent souvent beaucoup de graisses cachées. Leur consommation risque donc bien de faire grossir. On note que la réduction énergétique quotidienne est de 10% lors de la prise de faux sucre avec une perte de poids conséquente de maximum 200 g par semaine. On a également constaté que les personnes qui prenaient des faux sucres ont un poids supérieur à celui des « non tricheurs ».

Nous reviendrons plus en détail sur l'impact des faux sucres sur la santé dans le chapitre sur les aliments transformés.

Remettons donc dans nos assiettes du pain complet, du riz complet, des légumineuses !

Dans le même temps, le goût inné pour le sucre, sa digestion rapide avec un rappel tout aussi rapide, son omniprésence dans la publicité et sa disponibilité permanente dans les magasins, l'idée que le sucre récompense ... nous trouvons là autant d'arguments montrant la difficulté de se désintoxiquer de cet aliment.

Le sucre n'est pas à bannir, même chez les diabétiques, mais il est à prendre en quantité raisonnable au cours de repas riches en fibres végétales et jamais en dehors de ceux-ci.

LES LIPIDES OU GRAISSES

Les graisses ont souvent mauvaise presse ! Ce sont les grands ennemis des personnes soucieuses de leur poids. De plus, elles sont responsables de nombreux problèmes de santé, notamment de la santé cardio-vasculaire, première cause de mortalité dans nos pays. Cependant, elles sont indispensables ! Il ne faut pas les éviter à tout prix (génération des produits light) mais il faut faire un bien meilleur choix en remettant beaucoup plus de source d'oméga 3 dans notre alimentation et en évitant les mauvaises graisses cachées dans les produits commerciaux.

Parmi les lipides, on distingue les graisses visibles et les graisses cachées. Il faut savoir que la majeure partie des graisses que nous consommons sont malheureusement des graisses cachées, à savoir dissimulées dans l'alimentation ou dans les plats industriels.

La graisse se présente dans notre alimentation sous forme d'un minimum de cholestérol (5%), et essentiellement de triglycérides (95%).

Les triglycérides sont donc les graisses que nous mangeons mais aussi celles qui forment la principale réserve énergétique de l'organisme. Les lipides sont stockés dans la cellule graisseuse sous forme de triglycérides et sont libérés au fur et à mesure des besoins par des enzymes nommées lipases (ciseaux).

Une molécule de triglycéride est composée d'une molécule de glycérol (un petit sucre) sur lequel s'accrochent trois acides gras qui peuvent être de la même famille ou de familles différentes .

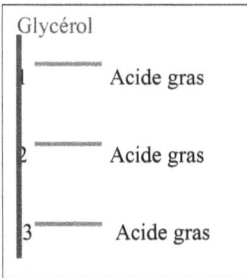

```
Glycérol

1 ------- Acide gras

2 ------- Acide gras

3 ------- Acide gras
```

Les différents acides gras :

On compte plusieurs familles d'acides gras : les saturés (rigides), les mono-insaturés (à une charnière) et les poly-insaturés 6 et 3 (à plusieurs charnières). Dans cette typologie, les fameux oméga 3 correspondent à des poly-insaturés 3.

Les lipases sont les enzymes qui découpent les triglycérides (comme des ciseaux) pour permettre aux acides gras, ainsi libérés du glycérol, de pénétrer à travers la muqueuse intestinale dans le sang.

Les lipases buccales et gastriques vont libérer l'acide gras situé en troisième position, les lipases pancréatiques agissent en position 1 et 3. L'acide gras restant en deuxième position donnera les conséquences bénéfiques ou défavorables au triglycéride ainsi absorbé.

On classifie chaque aliment en fonction du type d'acide gras accroché en deuxième position au glycérol.

ex. huile de colza : classée dans les oméga 3

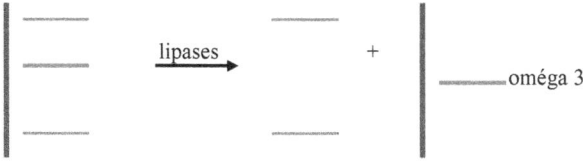

Les acides gras forment une longue chaîne faite de carbone (C) et d'hydrogène (H) reliés entre eux par des liaisons qui peuvent être simples et donc rigides - ou doubles et donc flexibles =

Les acides gras saturés se retrouvent typiquement dans le beurre, les fromages, les produits laitiers, la charcuterie, les saucissons, ainsi que dans l'huile de palme très appréciée par les industriels.... On les nomme « saturés » : car ils n'ont pas de double liaison (ils forment une grande chaîne extrêmement rigide). Ils sont intéressants pour l'organisme car ils procurent une certaine rigidité aux membranes des cellules qu'ils constituent. Mais ils ne faut pas en avoir en trop grande quantité car la membrane devient alors trop rigide et la cellule devient dysfonctionnelle, avec les risques associés de maladie.

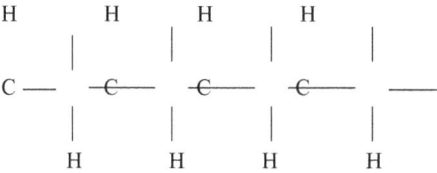

Les acides gras mono- insaturés, dont le chef de file est l'huile d'olive, ne possèdent qu'une double liaison ce qui leur donne une certaine flexibilité. Ils sont appelés **oméga 9**. Ils sont extrêmement intéressants parce qu'ils sont polyvalents : ils supportent la cuisson, ne sont pas fragiles et ont une action anti-inflammatoire. L'huile d'olive contient, de plus, de bons antioxydants.

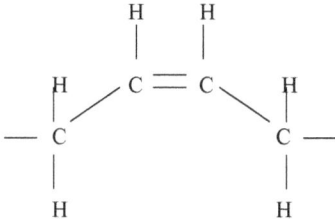

23

Les acides gras poly-insaturés sont des graisses à plusieurs doubles liaisons, on parle d'oméga 6 quand la première double liaison est au sixième carbone, et d'oméga 3 quand la première double liaison est au troisième carbone.
Les **oméga 6** sont présents essentiellement dans l'huile d'arachide, l'huile de tournesol, l'huile de maïs, dans les viandes, mais aussi dans les produits industriels ; ils sont à consommer avec modération car certains donnent naissance à des molécules pro-inflammatoires !

Les **oméga 3** se retrouvent pour leur part, dans les poissons (surtout dans les poissons gras comme maquereau, thon, sardine, saumon, hareng) - dans les huiles de colza, de lin, de noix - dans les noix, amandes - dans les germes de blé – dans les légumes verts (épinards, mâche) et dans le jaune d'œuf des œufs Colombus. Les oméga 3 sont fragiles, sensibles à la chaleur et sont à l'origine de molécules anti-inflammatoires. Ils sont malheureusement de moins en moins présents dans notre alimentation suite à notre façon de nourrir les animaux. Il est pourtant indispensable, pour notre santé générale, d'en consommer en quantités suffisantes.

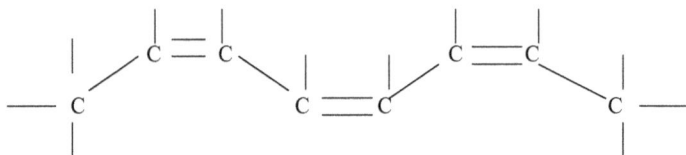

Les oméga 3 - augmentent l'énergie
- diminuent les problèmes de poids
- améliorent l'humeur, la fertilité, la mémoire …
- protègent le cœur et les vaisseaux
- ont une action anti-inflammatoire, anti-infectieux, anti-allergique
- ralentissent le développement des cancers et des métastases cancéreuses.

Il est évident que ces différents acides gras doivent être présents dans notre alimentation ! Tout est une question d'équilibre, ici comme ailleurs. Le rapport entre oméga 6 et oméga 3 devrait, idéalement, être proche de 4 mais le plus souvent dans notre alimentation, il se rapproche de 10- 12.

Enfin, il y a lieu de mentionner les acides gras trans qui proviennent, en grande partie, des industries agroalimentaires.

Les industriels hydrogènent partiellement les huiles végétales pour les rendre solides et fabriquer ainsi des margarines qu'on utilise pour la cuisson ou pour la préparation de produits tels que viennoiseries, biscuits, barres céréales … Lorsque l'hydrogénation est totale, l'acide gras devient saturé.

On retrouve aussi des acides gras trans dans les produits frits (friture, chips…) ainsi que dans les mayonnaises et dans les plats tout faits. Ces acides gras ont des effets aussi nocifs que les acides gras saturés et sont donc à éviter autant que possible !

Les acides gras trans se retrouvent aussi dans les produits laitiers, mais semblent, quant à eux, bons pour la santé.

A quoi servent les lipides ?

Les lipides sont tout d'abord d'excellents **carburants**. La réserve de graisse contenue dans les cellules graisseuses sous forme de triglycérides, représente plus de 100.000 Kcal et contrairement à la réserve de sucre, elle n'est pas vite épuisée par l'organisme. Une partie de cette réserve est utilisée entre les repas à condition de ne pas grignoter et de laisser un minimum de 4 heures entre deux prises alimentaires. Si, par contre, on mange trop ou trop souvent, on ne laisse pas l'opportunité à notre corps de puiser dans nos réserves et, de plus, on transforme le glucose et les acides aminés en triglycérides !

La graisse a, par ailleurs, un rôle dans la protection **thermique**.

Les lipides composent les **membranes** cellulaires qui, comme nous l'avons vu, sont formées des différents acides gras avec du cholestérol et de la vitamine E , chacun remplissant un rôle spécifique.

Les acides gras sont à l'origine de substances (les **prostaglandines**) dont certaines seront responsables d'inflammation, de coagulation et de vasoconstriction, tandis que d'autres auront l'effet juste inverse. Ceci démontre l'importance d'une alimentation variée car il faut notamment un bon rapport entre oméga 6 et oméga 3 pour avoir un bon équilibre entre les actions antagonistes des prostaglandines.

Le cholestérol est **précurseur** notamment d'hormones, de vitamine D et d'acides biliaires.

La graisse permet l'absorption intestinale et le transport sanguin des **vitamines liposolubles** A D E K.

Enfin, la couche graisseuse est un organe qui sécrète énormément d'**hormones** (tout comme la thyroïde, le pancréas, les surrénales, les ovaires…). Elle sécrète entre autre : la leptine, l'adiponectine, l'interleukine 6 et 3, et le TNF α. Chacune de ces hormones sécrétées par la graisse a un rôle bien spécifique. En voici 2 exemples :

La leptine est une hormone qui renseigne l'organisme sur l'état de ses réserves en graisse. Le taux de leptine est élevé quand la cellule graisseuse est bien remplie. Cette hormone va entraîner la libération de la graisse contenue dans la cellule graisseuse et va provoquer l'arrêt de la production d'un messager cérébral (NPY) donnant l'ordre de manger.

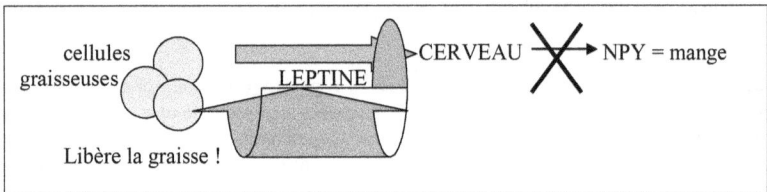

- Le TNF α est une hormone causant une inflammation notamment au niveau du cœur, des vaisseaux, du pancréas, du foie etc…. ainsi que de la cellule graisseuse elle-même ce qui provoque une difficulté à perdre du poids ! Plus la cellule graisseuse est chargée en triglycérides, plus il y aura de TNF α dans le sang et donc de risques d'inflammation. Cela s'appelle un syndrome métabolique (pathologie de la personne en surpoids !)

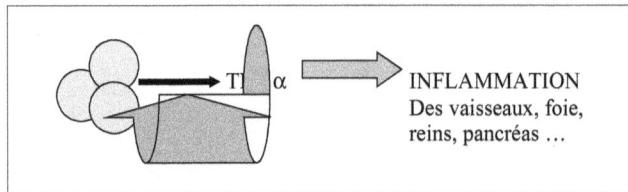

Les erreurs à ne pas commettre :

La fluidité et la perméabilité de la membrane cellulaire sont conditionnées par l'**équilibre** des différents acides gras et de leur répartition adéquate dans les tissus.

Cette proportion influence l'activité des protéines membranaires : des enzymes, des transporteurs, des récepteurs hormonaux et des protéines servant à la fabrication de notre énergie !

Une membrane trop chargée en acides gras saturés risque de causer, entre autre, une résistance à l'insuline c'est à dire que l'insuline ne pourra plus conduire le glucose dans la cellule. Ceci conduit à tout un cortège de symptômes dont le diabète de la personne âgée mais ne se limitant pas qu'à celle-ci. En effet, ce diabète survient actuellement chez des personnes de plus en plus jeunes.

Mais nous mangeons aussi de moins en moins d'oméga 3 car le poisson est cher, rare, et ne plait pas toujours à la petite famille. On a aussi pris l'habitude de mettre de l'huile d'olive dans nos assiettes (c'est bon pour la santé, docteur) et on a perdu de vue l'huile de noix ou de colza. Une prise de 2 cuillères à soupe d'huile de colza et de 3 poissons gras par semaine permet d'obtenir la quantité optimale d'oméga 3. Il est prudent d'éviter dans les poissons gras, le thon, l'espadon, le requin qui contiennent du mercure et de la dioxine. Le fumage des poissons entraîne une perte en oméga 3 et un apport de composés toxiques ; il ne faut pas en abuser !

Le manque d'oméga 3 dans notre alimentation ou son manque dans notre assiette, va conduire à des problèmes cardio-vasculaires, inflammatoires et cérébraux tels que trouble de la concentration (enfant turbulent), troubles de la mémoire, dépression, prise de poids … et à de nombreuses autres maladies dont le cancer.

Malheureusement, on mange de moins en moins d'oméga 3 et de plus en plus d'oméga 6 ce qui provoque un rapport peu adéquat. Cette situation est en grande partie causée par les industriels et par les agriculteurs qui nourrissent les animaux avec du maïs et non avec du lin, du pourpier ou de l'herbe.

Le rapport oméga 6/ oméga 3 peut judicieux va conduire à des inflammations qui peuvent toucher les différents organes et être responsables de maladies telles que le cancer.

Il faut savoir que la plupart des graisses sont cachées et donc il faut faire attention aux étiquettes ou éviter les produits tout faits. On ajoute de l'huile de palme (de structure identique à celle du lard) un peu partout et même dans les laits destinés aux nouveaux-nés, dans le but d'améliorer le goût des produits et leur conservation.

Il est important de rappeler qu'il est préférable de garder les huiles à l'abri de la lumière et de l'air. Il faut éviter de les chauffer trop ; surtout ne les laissez pas fumer et n'utilisez que l'huile d'arachide dans les friteuses. L'huile d'olive reste la meilleure huile quand il faut cuire un aliment et l'huile de noix ou de colza sont à mettre sur les aliments crus. Il faudrait s'habituer à varier les différentes huiles !

De nombreuses personnes pensent qu'il est intéressant de mettre de l'huile d'olive un peu partout, elles ont oublié qu'une cuillère à soupe d'huile d'olive apporte quand même 100 Kcal !

LES PROTEINES

Les protéines occupent une place indispensable dans notre alimentation. L'origine de leur appellation en témoigne, puisque, tirée d'un mot grec, elle signifie *« de première importance ».*

Pourtant, nous consommons, en général, trop de protéines.

En particulier, notre alimentation se compose en trop grandes quantités de protéines *animales* (riches en graisses saturées), au détriment des protéines *végétales*. Idéalement il nous faudrait respecter un rapport de 1/1, soit consommer autant de protéines animales que végétales.

La structure des protéines

Les protéines s'apparentent à des mots, les peptides sont les syllabes, le tout étant formé par des lettres (les acides aminés). Les consonnes sont apportées par les protéines animales tandis que les voyelles nous viennent des protéines végétales.

On recense *20 types d'acides aminés différents*. Et tout comme les mots résultent de la combinaison des 26 lettres de l'alphabet, les protéines sont formées par la combinaison de ces 20 acides aminés.

Ceux-ci se répartissent en 2 catégories :

-   *Les acides aminés essentiels,* qui sont au nombre de 9. Ils doivent être impérativement puisés dans l'alimentation car notre organisme est incapable de les synthétiser par lui-même.

-   *Les acides aminés non essentiels,* qui sont au nombre de 11. Notre organisme est apte à les synthétiser à partir du glucose s'il n'en reçoit pas assez par le biais de l'alimentation. Toutefois, un manque de ces acides aminés est possible si leur synthèse est limitée par l'organisme, ou si leur besoin est accru par certains facteurs sur lesquels nous reviendrons plus loin.

Quelles sont les sources de protéines ?

On retrouve les *protéines animales* dans :

•   *La viande, le poisson et la volaille* : tous ces aliments présentent une teneur en protéines quasi identique, à savoir de 20 à 30 grammes pour 100 grammes de produit
•   *Les œufs* : moins riches en protéines que la catégorie précédente, du fait qu'ils contiennent davantage d'eau, ils demeurent néanmoins une source de protéines de référence car ils renferment tous les acides aminés
•   *Les produits laitiers.*

Les *protéines végétales* sont à leur tour présentes dans:

- Les *légumineuses et le soja :* ces aliments sont non seulement très riches en protéines, mais ils contiennent également les mêmes acides aminés que ceux présents dans les protéines animales, ce qui implique qu'on peut intégralement les substituer au poisson, à la viande, aux œufs ou aux produits laitiers.
- *Les noix et les graines :* sont riches en protéines, mais également en graisses.
- *Les céréales, le blé, le riz et les pâtes :* contiennent des protéines en plus petite quantité.
- *Les légumes et les fruits :* en contiennent en quantité négligeable.

A quoi servent les protéines?

Lors de leur assimilation, les protéines *(mots)* sont d'abord fractionnées en peptides *(syllabes)*, puis en acides aminés *(lettres)*, tour à tour par la salive, par les enzymes de l'estomac, par les enzymes pancréatiques, par les enzymes biliaires et enfin par les enzymes intestinales.

Les acides aminés alimentaires ainsi libérés se mêlent aux acides aminés issus de vieilles protéines corporelles, ce qui permet de reconstituer de nouvelles protéines. Tout comme dans une partie de scrabble, l'organisme mélange ainsi les nouvelles lettres piochées dans le jeu, aux lettres qu'il détient déjà, pour former un nouveau mot !

Si l'alimentation ou la dégradation des vieilles protéines fournit à notre organisme de trop grandes quantités d'acides aminés, il ne peut pas tous les utiliser pour en fabriquer de nouvelles. Contrairement au glucose et aux acides gras qui peuvent être stockés, les acides aminés en excès seront transformés par le foie en urée, en glucose et…en acides gras !

Par cette transformation en glucose, les acides aminés pourront fournir de l'énergie, bien que l'essentiel de nos apports énergétiques provienne des lipides et des glucides. Ce n'est donc pas le rôle des acides aminés de nous fournir en énergie, bien qu'ils en soient capables. Ils peuvent aussi se transformer en acides gras et être responsables d'une prise de poids !

La vraie fonction des protéines est la reconstitution des éléments détruits avec le temps comme :
- le muscle
- la kératine qui compose les cheveux, les ongles et la peau …
- le collagène qui compose la peau, les os, les dents, les cartilages et les vaisseaux
- les enzymes, et notamment la lipase –une sorte de ciseau qui permet de découper la graisse et de l'extraire de sa cellule, contribuant ainsi à la perte de poids
- les hormones comme l'insuline, l'œstrogène, la testostérone, et la DHEA (plus communément appelée « hormone de la jeunesse »)
- le fibrinogène qui sert à la coagulation
- les anticorps qui soutiennent le système immunitaire

Notre organisme a par ailleurs besoin des protéines pour accomplir certaines fonctions essentielles comme :

- transporter les lipides, l'oxygène et les hormones dans le sang
- traduire les messages du cerveau grâce à des récepteurs et des messagers
- transcrire ce que nos gènes (l'ADN et l'ARN) nous donnent comme information
- maintenir l'équilibre hydrique du corps

Quel est l'apport idéal en protéines?

- Comme nous l'avons évoqué plus haut, il est essentiel de mettre dans son assiette une **quantité égale** de protéines animales et de protéines végétales.

En effet, si nous absorbons davantage d'acides aminés issus de protéines animales *(des consonnes)* que de protéines végétales *(des voyelles)*, nous ne pourrons fabriquer des protéines *(des mots)* qu'en quantité limitée. Il en résultera un gaspillage des acides aminés en excès *(des lettres inutilisées)*. Ces derniers serviront alors uniquement à produire de l'énergie *(transformation des lettres en sucre et en graisse)* plutôt qu'à la formation de nouvelles protéines nécessaires à notre organisme.

- De façon générale, nous absorbons **trop de protéines** dans notre société, en particulier nos enfants, via la surconsommation de fromages, de yaourts, de pain, de charcuteries et de pâtes. Ces aliments sont en effet plus rapidement prêts et plus faciles à consommer que des fruits et légumes qui nécessitent nettoyage, épluchage et préparation plus élaborée!

- Nous ne consommons pas suffisamment de protéines **végétales** dans notre société, car nous gardons en mémoire des conseils nutritionnels du passé tels que : « *Si vous voulez maigrir, retirez les 3 P : pain, pâtes et pomme de terre !*»

Or les protéines végétales vont nous apporter des glucides à index glycémique bas, des fibres indispensables à la flore intestinale, des vitamines et des minéraux, ainsi que des acides aminés complémentaires à ceux fournis par les protéines animales.

Les protéines animales vont quant à elles nous apporter des graisses parfois saturées, parfois riches en oméga 6 (pro-inflammatoires) en plus des protéines proprement dites. Or la consommation de graisses saturées, souvent accompagnées de cholestérol, augmente nettement les risques de maladies !

Quelle est la quantité de protéines à prévoir dans son alimentation?

Nos besoins en protéines sont satisfaits si on en consomme aux environs de 1 gramme/ kg/ jour. Dans certains cas, comme pour les sportifs, notamment, on peut augmenter cet apport à 1.5 grammes/ kg/ jour. Or nous dépassons bien souvent ces quantités !

En excès, les protéines :

-	se transforment en sucre et en graisse.
-	provoquent une augmentation de la perte de calcium dans les urines, avec des risques de calculs rénaux et d'ostéoporose.
-	conduisent à une fatigue du foie et des reins qui travaillent de façon excessive
-	ont un effet acidifiant qu'il est bon de neutraliser en mangeant des fruits et des légumes qui sont eux, alcalinisants (cf. plus loin, le chapitre « anti-fatigue »).

En déficience, les protéines ne pourront pas assurer leurs différents rôles comme vu précédemment.

Cas d'apports insuffisants en protéines :

L'apport en protéines peut s'avérer insuffisant, notamment :

-	lorsqu'une personne n'en **mange** pas assez, ce qui peut être le cas chez les anorexiques, les végétariens, les insuffisants rénaux ou les personnes âgées ;

-	lorsque notre organisme connaît des **besoins** accrus, suite à une opération ou à une maladie comme le sida, le cancer, l'hyperthyroïdie ;

-	lorsqu'on a un problème d'**absorption**, c'est à dire que les protéines consommées n'arrivent pas à pénétrer dans le sang suite à une colite, une cirrhose, une pancréatite ou une maladie intestinale, etc.

On notera par ailleurs que ces différentes causes sont parfois associées entre elles.

Cas d'apports excessifs en protéines :

- Précautions à prendre dans le cadre d'un **régime hyperprotéiné** :

Lors de régimes dits hyperprotéinés, on peut parfois dépasser la dose quotidienne de sachets prescrits et consommer de la sorte des protéines en excès. On considère qu'en moyenne, chaque sachet fournit 18 à 22 grammes de protéines.

Il est donc important de ne pas dépasser la norme de *1gramme / kg de poids / jour* sous peine de fatiguer l'organisme sans pour autant accélérer la perte de poids. Les régimes hyperprotéinés sont en général calculés par le médecin pour être normoprotéinés, ce qui implique qu'ils sont sans danger pour le foie et les reins.

Les protéines se transforment en acides aminés qui sont dégradés :

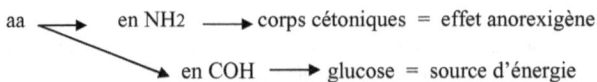

aa $\longrightarrow$ en NH2 $\longrightarrow$ corps cétoniques = effet anorexigène

$\searrow$ en COH $\longrightarrow$ glucose = source d'énergie

- Le cas de figure des **sportifs** :

De nombreux sportifs pensent que l'ingestion de grandes quantités de protéines améliorera leurs performances. Pourtant les protéines ne sont pas le substrat énergétique préféré des muscles en activité, et de grandes quantités de protéines auront peu d'effet sur la masse ou la force musculaire !

Il s'avère donc peu utile de prendre des compléments protéinés, et il est bien plus recommandable de manger des sucres lents avant le sport et de terminer l'épreuve sportive par des sucres rapides pour reconstituer le glycogène musculaire. Cette façon de s'alimenter limitera au maximum l'utilisation des protéines comme source d'énergie et améliorera la performance du sportif.

En conclusion...

Et si on réapprenait à varier nos sources de protéines pour éviter les intolérances alimentaires ?

Et si on réapprenait à manger des protéines avec des fruits et des légumes plutôt que d'avaler un sandwich au jambon-fromage sur le pouce à midi, suivi d'un yaourt en guise de dessert ?

Et si on oubliait « la règle des 3 P » qui reste ancrée dans nos mémoires et nous culpabilise de s'offrir un petit plat de pâtes à midi?

Et si ....

LES AUTRES NUTRIMENTS

Outre les macro-nutriments, notre organisme a également besoin de micro-nutriments, de vitamines et d'anti-oxydants qu'on retrouve dans les aliments mais aussi dans les boissons.

Ces différentes molécules sont indispensables à notre bonne santé, en remplissant des fonctions essentielles dans l'organisme au même titre que les protéines, les glucides ou les lipides. Nous en avons besoin en permanence pour remplacer les cellules usagées de notre corps, sachant que, chaque jour, nous devons par exemple fabriquer plus de 50 milliards de cellules intestinales...

La diminution des besoins énergétiques, qui résulte d'un mode de vie de plus en plus sédentaire entraîne forcément une réduction des apports en général, et celui des vitamines, des minéraux et des anti-oxydants en particulier. Il convient donc d'éviter des régimes hypocaloriques constants ou répétés pour ne pas aggraver ces carences.

Dans le même temps, leur prise en excès semble tout aussi néfaste que leur manque. Tout comme il n'est pas bon d'arroser une plante trop ou trop peu, il est prudent de conseiller la prise de compléments alimentaires au cas par cas. Par ailleurs, les interactions entre micro-nutriments ainsi que leur degré d'assimilation en fonction des circonstances, sont encore mal connus.

Le meilleur moyen pour assurer une bonne protection est dès lors de consommer des aliments sains, variés, et les moins transformés possible sur le plan industriel. Certaines catégories de personnes doivent toutefois absorber davantage de vitamines et de micro nutriments en fonction de leurs besoins : c'est le cas par exemple des femmes enceintes.

Les micro-nutriments

Nos besoins en micro-nutriments sont quantitativement modestes par rapport aux nutriments représentés par les glucides, lipides, protéines. S'ils n'ont pas de rôle énergétique direct, ils interviennent pour permettre la libération de l'énergie provenant de la transformation de ces nutriments ; sans les micro-nutriments, nous ne pourrions pas transformer le glucose en ATP. Ils ont bien d'autres rôles tout aussi nombreux qu'indispensable. Ces micro-nutriments se composent de :

- *minéraux* (sous la forme de calcium, magnésium, sodium, potassium, phosphore et chlore)
- *oligo-éléments* (sous la forme de fer, chrome, iode, zinc, cuivre, sélénium, fluor, manganèse, etc.).

La carence en fer est la plus fréquemment rencontrée à travers le monde et est responsable d'un taux élevé de mortalité. Sa carence peut entraîner une anémie accompagnée d'une grande fatigue, d'un déficit de défense immunitaire avec infections récidivantes, d'un trouble d'attention et de concentration chez les enfants,... Son déficit, tout comme son excès, est responsable d'un stress oxydatif !

La carence en magnésium est également très répandue en Europe et est responsable d'un manque de fabrication de la sérotonine (voir je suis stressé).

Les vitamines

-    Les vitamines liposolubles (A, D, E, K): elles se cachent dans la graisse et sont donc absentes en cas de régime alimentaire appauvri en graisse par peur d'une prise de poids. Pourtant ces vitamines sont indispensables à l'organisme car elles lui permettent de se défendre contre le stress oxydatif, contre les cellules cancéreuses ou contre l'ostéoporose. On risque un surdosage en cas de prise exagérée car elles s'accumulent facilement dans notre graisse

-    La vitamine C : elle est très sensible à l'oxydation et donc à la lumière, à la chaleur et à l'oxygène. On la trouve dans les fruits et les légumes. En cas d'excès, les reins se chargent de l'éliminer

-    Les vitamines B : la vitamine B9 (acide folique) est présente dans les fruits et légumes et la vitamine B12 se retrouve uniquement dans les produits d'origine animale. Les surplus de vitamines B peuvent facilement être éliminés dans les urines sauf la vitamine B12 qui a tendance à s'accumuler dans le foie.

Les antioxydants

A côté des antioxydants de nature vitaminique (A, C et E) de nombreux autres antioxydants ont été recensés dans les fruits et les légumes:

-    Les caroténoïdes: soit le lycopène de la tomate, la lutéine des légumes verts et la xanthine de l'oignon
-    Les polyphénols: dont la famille des flavonoïdes qu'on retrouve dans les fruits, les légumes, le vin, l'huile d'olive et le thé vert
-    D'autres anti-oxydants présents notamment dans les agrumes, les crucifères et les légumineuses.
-    ….

La variété de ces nutriments nous montre l'importance de varier le type, la couleur et la provenance des fruits et des légumes. La qualité est aussi importante que la quantité !

On trouve aussi de bons antioxydants dans les épices type curcuma, cannelle et gingembre.

Les boissons

Tout aussi essentielles à l'organisme, elles sont présentes sous diverses formes :

➤ **L'eau** :
- Du robinet : elle provient de l'eau de surface et la qualité de ses minéraux dépend des villes.
- De source : c'est une eau souterraine qui est embouteillée telle quelle (moins chère).
- Minérale (plate ou pétillante): c'est de l'eau souterraine qui passe par des tuyaux avant d'être mise en bouteille, elle est faiblement ou fortement minéralisée selon son origine.

Les eaux moyennement minéralisées peuvent être consommées de façon courante ; celles qui sont fortement minéralisées sont surtout utiles en été ou après un effort physique intense. Les jeunes enfants doivent recevoir des eaux faiblement minéralisées ; les constipés doivent prendre des eaux riches en magnésium ; les hypertendus préféreront des eaux pauvres en sel ; les ostéoporotiques peuvent trouver du calcium dans certaines eaux. Il semble donc judicieux de varier les marques d'eau chaque jour.

➤ **Les eaux aromatisées et thés embouteillés** :

Ils contiennent bien souvent une grande quantité de sucres ou d'édulcorants ainsi que des colorants et des conservateurs. Prudence donc dans les quantités absorbées!

➤ **Les jus de fruits**:

- Sous forme pure et sans ajout de sucre : ils doivent être consommées rapidement.
- Sous forme concentrée: ils contiennent 50% de fruits avec adjonction de sucre et d'eau.
- Sous forme de nectars: ils sont composés d'un mélange de purée de fruits frais, de jus concentré, d'eau et de sucre.

Les jus de fruits apportent du fructose, du glucose, une quantité moindre de fibres que les fruits frais et un apport réduit en vitamine C, qui s'oxyde rapidement.

Leur apport calorique, selon les fruits et par ordre décroissant, peut se résumer comme suit : raisin > ananas > pomme > agrumes > tomate.*

➤ **Les sodas** :

Ils contiennent 20 morceaux de sucre par litre, soit 7 morceaux de sucre par canette !
Par ailleurs, un litre de Coca cola contient autant de caféine qu'une tasse de café.
Dans leur version light, ils sont tout aussi néfastes, du fait de leur effet sur l'insulinémie et les dérapages sucrés qu'ils provoquent.

Les sodas sont donc à réserver aux sorties ou à prendre de façon très occasionnelle.

> **Le café** :

Il provient de la baie d'un arbre ; il est donc préférable de le prendre sous sa forme bio, non transformée. Le café contient des glucides, des lipides, du potassium et des anti-oxydants, tous en faibles quantités. Il a des effets dynamisants, lipolytiques (détruit la graisse) et antimigraineux.

Il diminue l'absorption intestinale des vitamines B et du fer, raison pour laquelle on recommande une faible consommation de café aux personnes anémiques. Il augmente les pertes urinaires de magnésium, de calcium.

> **La chicorée** :

La chicorée provient de la racine d'une plante. Elle contient du fructose et de l'inuline (une fibre) mais pas de caféine. Associée au café, elle modifie son goût. C'est donc un bon produit à utiliser lorsqu'on désire boire autre chose que de l'eau.

> **Le thé** :
Egalement tiré d'une plante, le thé ne contient pas de calorie, peu de vitamines et de minéraux, mais est riche en anti-oxydants, en particulier le thé vert. En l'absence de fermentation, les feuilles sont vertes. Traitées directement à haute température, elles ne s'oxydent pas et la chlorophylle ainsi que la vitamine C restent intactes. Le thé noir est un thé fermenté, il a ainsi perdu ses capacités antioxydantes mais est plus riche en théine et donc plus dynamisant et plus lipolytique. Il est important d'acheter du thé de bonne qualité et de le consommer rapidement. Il a de plus des effets hypoglycémiant, hypolipémiant, anti-infectieux, et protecteur vasculaire en rapport avec son temps d'infusion.
Il diminue l'absorption du fer et doit donc, comme le café, être consommé avec modération chez les personnes souffrant d'anémie.

> **Les boissons alcoolisées:**

(1 gr d'alcool apporte 7 kcal !)   parmi celles-ci :
   ⇨   Le vin contient 700 kcal par litre et est riche en anti-oxydants (surtout le rouge) mais aussi en sucre
   ⇨   La bière contient 600 kcal par litre mais peu d'anti-oxydants et davantage de sucre que le vin
   ⇨   Le champagne provient du raisin et s'apparente donc au vin
   ⇨   Les autres alcools sont fortement déconseillés de par leur apport calorique élevé.

> **Le lait**:

Certains médecins et ostéopathes le déconseillent à leurs patients car les enzymes permettant sa digestion (lactases) disparaissent avec l'âge. Cette évolution dépend d'une personne à l'autre mais la prudence voudrait qu'on exclue néanmoins le lait de l'alimentation des adultes.

La qualité du lait ainsi que ses bienfaits dépendent de l'alimentation qu'a reçue la vache.

Les laits de chèvre ont les mêmes propriétés que celles de vache mais sont plus pauvres en vit B12 ; les laits de brebis sont par contre plus gras et donc plus caloriques.

Le lait de soja contient la même quantité de graisse que le lait ½ écrémé mais ce sont surtout des acides gras poly-insaturés ; il ne contient ni lactose ni calcium sauf le lait de soja enrichi.

Que diriez vous de ne boire que de l'eau, du jus de fruit frais au petit déjeuner, 3 tasses de thé vert, 1 à 2 tasses de café et ... 1 à 2 verres de vin conviviaux par jour ?

LES ALIMENTS

Nous ne mangeons pas des glucides, des vitamines ou des minéraux mais bien du pain avec du beurre! Ce chapitre a donc pour objectif de passer en revue les aliments tels qu'ils se présentent dans notre assiette, afin de mieux cerner leurs apports respectifs.

1.   Les Matières Grasses

On regroupe dans cette catégorie :

-   Le beurre : Composé d'eau et de 84% de matière grasse (principalement des acides gras saturés), il contient de la vitamine A. Il est à consommer avec modération vu sa teneur en graisse saturée. S'il est chauffé, il devient brun suite à la production de peroxydes dangereux pour la santé.

-   Le beurre allégé : il passe de 84% à 60-40-20% de matière grasse par rajout d'eau et de vitamines A et E. Il ne peut dès lors plus être utilisé pour la cuisson et doit être consommé à froid, sur du pain. Son intérêt est une réduction calorique par rapport au beurre, ainsi que la présence de certains additifs nutritionnels comme des vitamines, des oméga 3 ou du phytostérol.

-   La crème fraîche: elle contient 30% de matière grasse, soit trois fois moins que du beurre, mais contient aussi des acides gras saturés. On la trouve également en version allégée ; il est possible de la rendre soi-même moins grasse en la diluant avec de l'eau.

-   Les huiles végétales: elles contiennent 99% de matière grasse, de la vitamine E, parfois des phytostérols mais jamais de cholestérol, qui ne se retrouve lui que dans les graisses animales. Elles proviennent des graines ou des fruits qui sont broyés ou pressés, puis chauffés. Les huiles vierges ont un goût typé mais deviennent vite rances, raison pour laquelle elles sont traitées et le plus souvent raffinées.

Toutes ont la même quantité de lipides, mais les acides gras peuvent sensiblement varier. C'est pourquoi il est préférable de choisir :

- *pour la cuisson* : de l'huile d'olive
- *pour les fritures* : de l'huile d'arachide
- *pour les crudités* : de l'huile de colza ou de noix

Les huiles déjà mélangées par les industriels, sont par contre à éviter car les huiles utilisées ne sont pas toujours de très bonne qualité. Il est préférable d'utiliser des bonnes huiles, de première pression à froid, et de faire notre propre mélange.

- **Les margarines** : contiennent 82% de matière grasse provenant d'huile végétale que les industriels ont durcie par hydrogénation ; ceci conduit à la création d'acides gras trans, nocifs pour la santé. Le reste se compose d'eau ou de lait écrémé, ainsi que des ferments lactiques, du sel, du sucre, de l'amidon, des émulsifiants et des conservateurs.

- **La mayonnaise** : elle contient 80% de matière grasse, contre 40% dans sa version allégée. Elle est fabriquée principalement à base d'huile de tournesol (pro-inflammatoire) et de jaunes d'œufs (riches en cholestérol). Ce n'est donc pas un produit recommandable !

Il est donc intéressant :
- √ **De prendre du beurre le week-end pour la vitamine A**
- √ **D'utiliser du beurre allégé la semaine avec ou sans additifs selon les besoins**
- √ **De cuisiner avec de l'huile d'olive**
- √ **De mettre dans les crudités de l'huile de colza**
- √ **D'éviter les margarines et la mayonnaise**

2.   Les Aliments Sucrés

Cette catégorie d'aliments englobe :

- **Le saccharose** : c'est le sucre blanc qui provient essentiellement de la canne à sucre, de la betterave et de l'érable. Il est composé de glucose et de fructose. Il ne contient ni vitamines ni minéraux, sauf dans le sucre roux qui en renferme des quantités infinitésimales. La cassonade ou sucre roux est un sucre provenant soit de la canne à sucre qui n'a été raffiné qu'une seule fois, soit de sucre blanc auquel on a rajouté des arômes et une couleur artificielle. Tout comme le sucre blanc raffiné, sa consommation doit donc être modérée.

- **Le miel** : se compose d'eau, de glucose et de fructose. C'est un excellent prébiotique (nourriture de la flore intestinale) et il semble donc intéressant de le combiner à des produits laitiers. Il contient, par ailleurs, d'excellents antioxydants.

- **Les confitures et gelées :** elles sont faites à base de fruits et de sucre blanc, tandis que les marmelades sont préparées avec des fruits et du sucre roux.

- **Le chocolat** : il est fabriqué à partir de fèves de cacao broyées auxquelles on a rajouté du sucre, du beurre, du lait et/ou de la lécithine, selon le type de chocolat. Il contient donc des glucides à IG faible, des acides gras surtout saturés, du phytostérol, du magnésium, de la caféine, des antioxydants (polyphénols et flavonoïdes) ainsi que de la phenyléthylamine (effet antidépresseur).

- **Les confiseries** : ce groupe comporte les préparations alimentaires dans lesquelles le sucre constitue l'élément dominant comme les bonbons, le caramel, les dragées, le nougat, la réglisse, les gommes, etc. Leur point commun est qu'ils renferment souvent beaucoup d'additifs nuisibles à la santé !

-        La glace: elle se prépare avec du lait ou de la crème (à 5% de matière grasse), du sucre (1 boule = 1 morceau de sucre), des œufs, des fruits et un parfum. La glace de fabrication naturelle est à privilégier à la glace industrielle, dont la composition sera très différente!

-        Les sorbets : ils contiennent la même quantité de sucre que la glace mais sans matière grasse, étant composés de sucre, d'eau et de concentré de fruits.

-        Les biscuits: contiennent souvent de l'huile de palme (qui a la composition du lard !) et sont riches en :
- *sucres à IG bas*: dans le cas des biscuits secs de type petit beurre
- *sucres à IG élevés* : dans le cas des gaufres et des génoises
- *graisses*: pour les sablés, cookies, galettes, biscuits au chocolat, madeleines, etc.

-   Les viennoiseries (croissants, pains au chocolat/ aux raisins, brioche, etc.) : sont bons pour le moral mais mauvais pour la ligne et la santé, étant trop sucrés et trop gras.

   Les aliments sucrés ne sont pas à bannir mais un choix s'impose parmi eux: privilégiez ainsi le miel, les compotes, les gelées et les sorbets faits maison aux préparations transformées, riches en additifs et en graisses saturées. Le meilleur moment pour leur consommation est le midi, en dessert.

3.   Les Fruits et Légumes

Les fruits et les légumes se composent d'eau à 90% et de sucre, sous forme de **glucose** et de **fructose**, mais ils ne contiennent ni amidon (sauf la banane), ni protéines, ni lipides.

Les légumes et les crudités sont les meilleures sources de **fibres** alimentaires.

Ils constituent une source indispensable de **minéraux**, d'**oligo-éléments** et de **vitamines**. Ils sont faiblement dosés en fer et en calcium, mais apportent du potassium et du magnésium.
La vitamine B9 ou folate qui se retrouve dans les légumes est indispensable pour les femmes enceintes.

De manière générale, les fruits et légumes sont source de puissants **antioxydants** tels que :
-   La vitamine A, qui se trouve essentiellement dans les fruits et légumes très colorés
-   La vitamine C, sensible à la chaleur et à la lumière, et qui se trouve surtout dans le kiwi, les fraises, les fruits des bois (cassis, framboise, groseille…), les agrumes, le poivron, le brocoli, l'ail, le persil, la ciboulette, le cresson et le cerfeuil
-   La vitamine E : un protecteur vasculaire qu'on retrouve dans les amandes, les noix, les avocats
-   Le lycopène : qui compose les tomates, cuites ou crues.

On retrouve également dans la catégorie des fruits et légumes: le soja, les légumes secs et les fruits secs.

Le soja peut être utilisé sous forme de jus, de farine ou d'huile. Il contient des protéines de bonne qualité, des lipides (hors cholestérol), des glucides, de l'eau et des fibres.

Le lait de soja est une bonne alternative au lait de vache s'il est enrichi en calcium, il est de plus dépourvu en lactose.

La crème de soja de plus de 80% remplace facilement la crème fraîche dans notre assiette.

Les yaourts au soja sont souvent trop sucrés mais sont intéressants s'ils sont achetés sans sucre, bio, au bifidus. On peut y mettre soi-même des fruits.

La farine de soja doit être complétée par de la farine de blé ou de sarrasin car seule, elle ne donne pas une pâte maniable.

L'huile de soja est trop riche en oméga 6 pour être intéressante.

On trouve facilement des steaks végétaux qui sont un mélange de soja et de légumes.

Le tamari est une sauce de soja qui remplace le vinaigre.

Le tofu, appelé fromage de soja, est l'équivalent végétarien du fromage « cottage cheese ». Il est fabriqué à partir de lait de soja auquel on a rajouté des sels minéraux qui provoquent le caillage. Si ce coagulant est du chlorure de calcium, le tofu sera également source de calcium. Sa texture peut être ferme (à utiliser dans un wok) ou molle (à manger tel quel ou dans la soupe).

Le tempeh est une forme de tofu extra ferme dans laquelle les graines de soja sont entières ; son goût un peu fumé est très fort mais agréable.

Les graines de soja germées ne sont pas du soja mais proviennent d'une famille de haricot.

Les légumes secs (lentilles, pois cassés, pois chiches, haricots, fèves…) apportent des protéines dont les acides aminés s'apparentent à ceux des protéines animales et peuvent remplacer ces dernières à juste titre, dans le cadre d'un régime végétarien. Il faut parfois laisser tremper les légumes secs quelques heures dans de l'eau avant leur cuisson pour éviter un inconfort intestinal. Ils contiennent des glucides à IG bas et des fibres. Leur richesse en potassium, en magnésium et en vitamine B9 fait que l'on est de plus en plus tenté de les remettre dans nos assiettes.

Les fruits secs (abricots, raisins, figues, pruneaux…) apportent des glucides de qualité, utiles pendant ou après une épreuve sportive, tandis que les oléagineux (noix, noisettes, amandes, pistaches, pignons…) sont source d'acides gras oméga 3.

Il faudrait idéalement éviter la consommation des fruits et des légumes qui ne sont pas de saison car ils proviennent alors de pays où les méthodes de culture ne sont pas contrôlées, avec un temps de stockage et un mode de conservation parfois douteux. Des gaz et des produits cirant sont d'ailleurs souvent utilisés pour prolonger leur durée de vie ou les rendre plus alléchants! Mais bien souvent on a perdu la notion des saisons, d'ailleurs quand doit-on acheter nos artichauts ?

MOIS	01	02	03	04	05	06	07	08	09	10	11	12
ABRICOT												
BANANE												
CASSIS												
CERISE												
CITRON												
FRAISE												
FRAMBOISE												
GROSEILLE												
KIWI												
MANDARINE												
MURE												
MYRTILLE												
ORANGE												
PAMPLEMOUSSE												
PECHE												
POIRE												
POMME												
PRUNE												
RAISIN												

MOIS	01	02	03	04	05	06	07	08	09	10	11	12
ARTICHAUT												
ASPERGE												
AUBERGINE												
BETTERAVE												
BETTE												
BROCOLI												
CAROTTE												
CELERI RAVE												
CHICON												
CHOUX DE BXLS												
CHOU												
CHOU FLEUR												
CHOU ROUGE												
CONCOMBRE												
COURGETTE												
EPINARD												
FENOUIL												
HARICOT VERT												
LAITUE												
LEGUMES SECS												
MACHE												
OIGNON												
POIREAU												
POMME DE TERRE												

4.   Les Féculents ou Céréales

Cette catégorie d'aliments renferme des protéines végétales et des sucres à IG variable.

On y retrouve:

Le blé (ou froment)

Céréale de base pour la fabrication du pain, des pâtes et d'autres féculents, le blé se compose de 3 parties:

- L'écorce ou son, qui fournit les protéines (gluten), les fibres, les vitamines et les minéraux
- L'amande qui est source de glucides
- Le germe que l'on n'utilise pas dans la farine mais qui sert comme aliment diététique et est source de lipides.

Le pain que l'on consomme est préparé à base de farine plus ou moins raffinée (qui contiendra du son en plus ou moins grande quantité) à laquelle on rajoute, selon le type de pain : de l'eau, de la levure ou du levain, du sel, du sucre et de la lécithine de soja qui assouplit la pâte et diminue le rancissement. Attention à l'arôme « pain » ajouté sur les pains industriels qui est peu recommandable !

Les biscottes sont, pour leur part, des tranches de pain « bis » cuites et donc déshydratées. Elles sont plus digestes que le pain mais aussi plus riches en sucre et en graisse (30g de pain correspond à 2 biscottes).

Les céréales du petit déjeuner sont fabriquées à partir de graines de blé sans écorce qui sont cuites ou grillées puis enrobées, pour certaines, de chocolat ou de sucre, tandis que d'autres contiennent des fruits secs et des oléagineux. Les céréales de petit déjeuner contiennent des sucres à IG élevé, des fibres, peu de protéines (sauf si on rajoute du lait), peu de lipides (sauf si elles sont au chocolat), et peu de vitamines ou de minéraux. On voit donc que, suite aux diverses manipulations industrielles, elles ne conservent les attributs des céréales que par leur nom ! Si on ne peut s'en passer, il convient donc d'apprendre à lire leurs étiquettes pour savoir choisir celles qui contiendront le moins possible de sucres et de graisses.

Les pâtes

Elles sont faites avec de l'eau et du blé, et sont parfois enrichies en œufs et en légumes.

Les autres céréales

Le seigle : **moins riche en gluten que le blé, on l'utilise notamment dans les pains de campagne, le pain de seigle (qui se conserve plus longtemps que les autres variétés), le pain d'épice et les farines infantiles.**

L'orge : il contient également moins de gluten que le blé et est utilisé dans les flocons de muesli, comme liant pour sauces, et dans la fabrication de la bière.

L'avoine : cette céréale contient plus de protéines, de vitamines et de fibres que le blé et est utilisée comme céréale de petit déjeuner, sous forme de porridge (avoine cuit) et dans les farines infantiles.

Le sarrasin : il contient plus de protéines, de fibres et de vitamines que le blé et sert à faire de la farine pour les galettes ou les crêpes.

Le maïs : contient moins de protéines que le blé et sert à la fabrication d'une semoule nommée polenta. On utilise aussi le maïs comme fécule épaississante, pour la fabrication des céréales de petit déjeuner et du pop corn. Sa farine ne peut toutefois pas servir à faire du pain.

L'épeautre : c'est le blé ancestral qui est utilisé dans la fabrication du pain pour personnes intolérantes au gluten.

Le millet : provient essentiellement d'Afrique et sert à faire de la semoule, de la farine ou des flocons.

Le quinoa : vient d'Amérique du sud et est de plus en plus utilisé dans les intolérances au gluten. Très digestible, il se cuisine comme le riz et est une bonne source de protéines.

Le seitan, le boulgour et le kamut (blé égyptien) : sont fabriqués à partir du blé.

La plupart des céréales sont des graminées, sauf le quinoa et le sarrasin ; elles peuvent donc être germées. Les manipulations agroalimentaires visant à rendre leur culture plus résistante et productive touchent surtout le blé, l'orge, l'avoine et le maïs et, dans une moindre mesure, l'épeautre, le seigle, le kamut et le quinoa.

Le riz : est une céréale qui a bien résisté aux manipulations agroalimentaires. Il demeure un bon produit qui ne constipe pas mais qui permet d'atténuer la diarrhée. On en trouve de nombreux types, qui ont tous une caractéristique différente (riz complet, sauvage, risotto, etc.). Il convient d'éviter le riz à cuisson rapide dont l'IG est le plus élevé.

<u>Les pommes de terre</u>

Le mode de préparation de ce féculent détermine son intérêt sur le plan nutritionnel. Les pommes de terre frites sont ainsi grasses et salées, et par conséquent très nocives pour la santé, contrairement à celles cuites à la vapeur, dont l'IG sera de 50. Ce même index glycémique augmente à 70 dans le cas où la pomme de terre présente des germes, ou si on l'écrase en purée (=> IG 90). Il faut également savoir que les chips sont 2 fois plus gras que les frites à cause de leur surface, et que les purées déjà faites, sous forme de flocons déshydratés, contiennent en plus des additifs et des graisses !

On trouve de plus en plus facilement des céréales souvent méconnues et pourtant tellement intéressantes sur le plan nutritionnel. Un changement d'habitudes est à l'ordre du jour !

5.   Les Viandes, les Poissons et les Oeufs

Cette catégorie d'aliments renferme des protéines animales et des graisses. Comme pour les autres catégories, il convient de varier ses sources de protéines animales, en les alternant et en privilégiant celles qui renferment des bonnes graisses.

La viande

Qu'elle provienne du bœuf, du veau, du mouton, de l'agneau, du porc ou du cheval, la viande se compose à 80% d'eau et à 20% de protéines, de lipides, de fer, de zinc et de vitamine B12. De nombreux additifs sont ajoutés pour les viandes prédécoupées en barquette : prudence donc dans leur consommation et retour chez un bon boucher!

Les acides aminés de la viande ne sont pas complets et doivent donc être associés aux féculents pour couvrir les besoins de notre organisme.

Les acides gras de la viande sont par ailleurs surtout saturés. Les pièces les moins grasses sont les rôtis et le cheval, tandis que les morceaux les plus gras se retrouvent dans les côtes, le mouton et l'agneau.

Le fer présent dans la viande rouge est très bien absorbé mais semble être responsable du cancer du colon, selon certaines études. Le zinc est essentiel à la création des tissus (grossesse, croissance, sperme…) et à la réparation des tissus (vieillesse, cicatrices…). Quant à la vitamine B12, essentielle comme bouclier contre l'anémie, elle est détruite par une cuisson prolongée.

Les abats (foie, cervelle, tripes, riz de veau, langue, rognons)

Les abats sont tous très riches en protéines et en fer. Ils sont également maigres, mais contiennent beaucoup de cholestérol.

Il faut aussi savoir que le foie, qui forme un filtre dans le système digestif, peut être saturé en toxines si l'animal dont il provient a été soumis à des sources de pollution lors de son élevage.

La volaille et le gibier

Ces viandes contiennent peu de fer et peu de vitamine B12, mais elles sont moins grasses que les autres viandes animales, sauf dans le cas de la poule, de l'oie et de la peau du poulet.

Les charcuteries

Elles ont une teneur en protéines équivalente aux viandes mais sont riches en acides gras saturés et sont donc peu recommandables pour la santé. Le jambon peut être considéré comme maigre si on lui retire sa couenne. Elles contiennent pour la plupart un nombre considérable d'additifs et des nitrites, même dans le cas des produits achetés à la découpe.

Les poissons

D'un intérêt indéniable sur le plan nutritionnel, les poissons contiennent des protéines d'une bonne valeur biologique, des vitamines A, B, D, des acides gras oméga 3, de l'iode et une source bien assimilée de fer.

Les poissons gras comme le maquereau, la sardine, le hareng, le saumon et le thon sont plus riches en oméga 3 et en vitamines A et D. *Les poissons blancs* sont plus maigres mais tous sont, de façon générale, à remettre davantage dans nos assiettes.

Les seuls qui présentent un bémol sont les gros poissons comme le thon, l'espadon et le requin, du fait qu'ils présentent un risque d'accumuler des polluants, et notamment du mercure. De façon similaire, on notera que les poissons fumés contiennent souvent, pour leur part, de nombreux colorants et des nitrites, ils sont de plus appauvris en oméga 3.

Les fruits de mer

On distingue ici, d'une part, les crustacés (représentés par les crevettes, les langoustines, le crabe, etc.), qui sont de plus en plus consommés car ils apportent des protéines de bonne valeur nutritionnelle, des minéraux et des vitamines B. Ils contiennent du cholestérol mais essentiellement dans leur tête.

Les mollusques, d'autre part, comprennent tous les coquillages et apportent, eux aussi, de nombreux minéraux intéressants (par exemple : le zinc dans les huîtres). Leur taux de cholestérol, moindre par rapport aux crustacés, n'est pas suffisant pour les déconseiller aux personnes soucieuses de leur santé vasculaire.

Les œufs

Ils sont très intéressants du point de vue nutritionnel, tant pour leur blanc que pour leur jaune.

Le blanc est source de bonnes protéines englobant tous les acides aminés, ce qui en fait une protéine de référence. Il a des propriétés liantes et gélifiantes, exploitées en pâtisserie.

Le jaune contient également des protéines mais surtout des lipides et, notamment, du cholestérol et des acides gras, saturés ou insaturés, en fonction des aliments qui ont servi à nourrir la poule. Ainsi, le jaune d'œuf d'une poule qui a été nourrie au maïs contiendra des oméga 6 (lipides saturés), tandis que celui d'une poule élevée aux graines de lin renfermera des oméga 3 (cas des œufs Colombus).

Les œufs contiennent, en plus, divers minéraux, vitamines et antioxydants (la lutéine).

Idéalement, on devrait consommer cinq œufs par semaine mais pour les personnes qui souffrent de cholestérol, il est préférable de n'en manger que trois et de préférence le matin. Sa cuisson n'a pas d'importance mais sa provenance en a : il faut ainsi que la poule ait reçu une alimentation bien choisie pour que l'œuf soit riche en oméga 3!

Le quorn

Le quorn provient d'un champignon mis en culture mélangé à du blanc d'œufs. C'est donc ce que l'on nomme une « mycoprotéine ».

Le quorn est un aliment bien connu des végétariens car il renferme tous les acides aminés de la viande, des fibres et des acides gras polyinsaturés, sans cholestérol. Il a même comme effet de faire diminuer le taux de cholestérol sanguin.

Les gros mangeurs de viande ont plus de risques de voir se développer un cancer du colon et des problèmes cardio-vasculaires que les mangeurs de poissons ou les végétariens !

6.   **Les Produits Laitiers**

Les produits laitiers renferment de bonnes protéines, des lipides essentiellement saturés, des glucides sous forme de lactose, du calcium bien assimilable et de la vitamine A et D dans leur matière grasse. Ils diminuent cependant l'absorption du magnésium (voir chapitre sur le stress).

Le lait : se retrouve sous différentes formes :

Entier, demi-écrémé ou écrémé (selon sa teneur en graisses) ; concentré ou en poudre ; enrichi en oméga 3 ou en calcium ; appauvri en lactose …
Les laits de brebis ou de chèvre sont un peu plus gras et plus allergisants.

Le lait a fait beaucoup parler de lui ces dernières années. On le rend responsable de nombreux troubles intestinaux mais aussi plus généraux (symptômes tels que la sinusite, les migraines, les rhumatismes, l'ostéoporose ou l'eczéma) suite à la disparition des lactases (enzymes permettant sa digestion) avec l'âge. Il semble dès lors prudent que les adultes diminuent leur consommation et l'évitent en cas de plaintes dont l'origine ne semble pas déterminée.

On peut le remplacer, alors, par du lait de soja qui ne contient pas de lactose ou du lait de vache sans lactose !

Le yaourt et ses dérivés

Le yaourt est obtenu à partir de lait auquel on a rajouté des ferments lactiques (lactobacillus et streptococcus) ce qui permet sa coagulation. Le yaourt « bifidus » est fermenté avec des bifidobactéries dont l'intérêt semble de plus en plus évident concernant le maintien du poids ainsi que l'amélioration de notre santé intestinale et générale (immunité…).

Le lactose du lait est transformé en acide lactique par ces ferments, ce qui lui donne son petit goût acide.

Quelques petits conseils :
-Le taux de *calcium* dans le yaourt est supérieur à celui du lait.
-La différence entre le yaourt *nature* entier et l' allégé n'est que de 15 Kcal/ 100g
-Les yaourts *aux fruits* sont généralement très riches en sucre, même s'ils sont appauvris en graisse et donc nommés light ! Il est donc préférable de privilégier les yaourts natures dans lesquels on ajoutera de la confiture faite maison avec de bons fruits.
-Les yaourts *à boire* contiennent, de même, des additifs, des sucres et des colorants dont il est prudent de se méfier.

Les fromages

Leur composition varie en fonction de la qualité de l'herbe mangée par la vache, de la saison de fabrication et des ferments rajoutés pour la coagulation du lait. Ils sont riches en sel et acides gras saturés ; il est donc préférable de privilégier les fromages à moins de 40% de matière grasse. Le taux de matière grasse des fromages se calcule sur la matière sèche et non sur la matière totale. Donc un fromage à pâte molle sera moins gras qu'un fromage à pâte dure !

Les fromages à pâte molle englobent le camembert, le brie, le reblochon, le fromage de chèvre, etc. Ceux à pâte persillée regroupent les bleus comme le roquefort.

Les fromages à pâte dure (pressés) sont plus riches en graisses puisqu'ils renferment davantage de matière sèche. Ils sont aussi plus riches en protéines et en calcium. On les retrouve dans le gruyère, l'emmenthal, le parmesan, le beaufort, le comté, le gouda, etc…

Le fromage blanc est enrichi avec de la crème pasteurisée. Il contient moins de calcium que le yaourt mais a la même teneur en protéines.

Bonne source de calcium, de ferments utiles pour la flore intestinale et de protéines animales, les produits laitiers sont presque indispensables à tout « petit déjeuner » digne de ce nom ! Attention au lactose du lait bien souvent mal toléré !

7. <u>Apprendre à lire l'étiquette des aliments</u>

Les calories (cal) des nutritionnistes et des diététiciens correspondent aux Kcal des industriels.

Il faut savoir qu'en moyenne une femme a besoin de 2.000 calories par jour et qu'un homme en a besoin de 2.500, sachant que des variations peuvent exister selon le métabolisme de base (nombre de calories brûlées au repos) et les dépenses énergétiques de chacun. Il est toutefois imprudent de descendre en-dessous de 1.500 calories par jour sous peine de développer, sur le long terme, des pathologies liées au manque telles que ostéoporose (calcium), dépressions (oméga 3), tumeurs (antioxydants)...

L'apport en calories de chaque groupe d'aliments diffère. Ainsi, on se rappellera que :

1 gramme	de sucre	fournit	=> 4 cal
	de protéine		=> 4 cal
	d'alcool		=> 7 cal
	de lipide		=> 9 cal

Les apports recommandés et nutritionnels de chaque groupe d'aliments gagnent à être connus, afin de mieux comprendre et interpréter l'étiquetage des aliments. Ainsi :

Les lipides (ou graisses) :
Il convient de choisir des produits contenant moins de 10g de lipides pour 100g d'aliment. Par ailleurs, on veillera à privilégier les produits contenant peu d'acides gras saturés et peu d'acides gras trans.

Méfiance également face à la mention « produit allégé » : un tel produit peut effectivement être allégé en lipides par rapport à un produit non allégé de la même marque mais s'avérer plus gras que le même produit d'une marque concurrente.

Les glucides (ou sucres ou hydrates de carbone) :
On retiendra que 5 grammes de glucides = 1 morceau de sucre, et qu'il est prudent de ne pas dépasser 40g de glucides/ jour.

La mention « sans sucre ajouté » ne signifie pas qu'il n'y a pas de sucre dans l'aliment en question, de plus il renfermera le plus souvent des édulcorants (cf. chapitre sur les glucides).

Les protéines :
Il faut compter en moyenne 1 gramme de protéines par kilo de poids et par jour (1g/kg/jour). Les sportifs ne doivent pas dépasser pour leur part 1.5g /Kg/jour.

Apports en sel :
L'apport quotidien préconisé en sel est de 6 grammes par jour.

On veillera à choisir les produits renfermant moins de 400 mg de sel pour 100 g de produit. Dans ce cadre, la mention « appauvri en sel » signifie que le produit contient moins de 120 mg de sel par 100 g.

Fibres :
Idéalement, notre consommation quotidienne devrait se situer aux environs de 35 grammes.
La mention « source de fibres » signifie une teneur minimum de 3 g de fibres pour 100 g de produit.

Les autres mentions sur les étiquettes:
- Edulcorants : se réfère surtout à l'acésulfame-K et à l'aspartame
- Allergies : signifie que le produit contient du lactose, du gluten, des œufs et d'autres substances allergènes.
- Phénylcétonurie = contient une source de phénylalanine
- Colorants : tous les E 100…..
- Conservateurs : E 200…
- Antioxydants et acidifiants : E 300….
- Emulsifiants, gélifiants, épaississants : E 400….
- Usages divers comme acide sulfurique, acide chlorhydrique, phosphates : E 500… Exhausteurs de goût : E 600….
- Agents d'enrobage (donnent un aspect ciré) : E 900 à E 914
- Gaz propulseurs : E 938 à E 949
- Enrichi en … vitamines/minéraux : mais ceux-ci ne sont pas toujours bien assimilés
- Teneur garantie en … signifie que les pertes de vitamines suite à un procédé de transformation, sont compensées par l'ajout de vitamines afin de revenir au taux de départ.

Nous sommes programmés pour les produits de la chasse, de la pêche, de la cueillette et de la culture mais la nature n'avait pas prévu que nous consommerions aussi des faux sucres, des fausses graisses et de la mayonnaise !

Suite à la diminution de nos dépenses énergétiques (on pousse sur un bouton pour faire la lessive…), nous devons apprendre à manger moins que nos ancêtres et à mieux choisir nos aliments.

L' ALIMENTATION TRANSFORMEE

Notre alimentation s'est davantage transformée ces quarante dernières années qu'en vingt siècles.

Arômes, colorants, conservateurs, émulsifiants, gélifiants, texturants, exhausteurs de goût, enrobages, gaz propulseurs, édulcorants, pesticides, OGM… sont devenus des termes courants de notre époque.

Notre cerveau analyse difficilement toutes ces substances, d'où les multiples troubles du comportement alimentaire, notre digestion altérée, notre flore intestinale malmenée, et notre santé mise à rude épreuve.

Il est important de comprendre les manipulations de l'alimentation, non pas pour en avoir peur, mais bien pour pouvoir les éviter autant que possible en toute connaissance de cause.

Les arômes

Les industriels ajoutent diverses substances pour conférer de la saveur aux préparations.

En voulant protéger les aliments des microbes et améliorer leur conservation, on leur a en effet enlevé leur goût et leur odeur. Les fruits et légumes mûrissent de nos jours dans des entrepôts plutôt qu'au soleil ; les produits préparés sont stérilisés…C'est ainsi que sont apparus les arômes ajoutés qui envahissent de plus en plus notre alimentation, bien souvent à nos dépens.

On distingue les arômes *naturels* qui proviennent de champignons ou de bactéries transformées sécrétant des substances bien précises (par exemple : l'arôme « fraise » provient de copeaux de bois), des arômes *synthétiques* qui proviennent d'une synthèse chimique (le pain industriel est ainsi vaporisé d'arômes qui donnent le goût de pain…au pain).

La médecine ne mesure pas encore l'effet de ces arômes sur la santé mais on sait qu'ils agissent notamment sur le maintien du poids. Ils semblent en effet perturber le système de contrôle de la prise alimentaire en paralysant la sécrétion des hormones cérébrales de la satiété, et ils provoquent ainsi une addiction aux produits aromatisés.

On recense actuellement plus de 3.500 différents arômes. Aucun n'est, à ce jour, réglementé par une législation précise.

Les colorants

Les colorants sont désignés par le code « E 1.. ».

Les doutes persistent sur l'innocuité des colorants de synthèse. Quant aux colorants naturels, ils sont souvent extraits par procédés chimiques, ce qui les rend peu naturels en substance.

Certains colorants semblent avoir une influence sur l'activité cérébrale des enfants en les rendant hyperactifs. On peut craindre, par extension, leurs effets similaires sur le cerveau des adultes.

Les conservateurs

On distingue plusieurs techniques de conservation, selon les aliments :

➢ Les conservateurs traditionnels qui regroupent :

1. *Le sucre* : produit clé pour la conservation des fruits, il doit être chauffé pour empêcher la prolifération de levures et doit composer au moins 50% de la préparation pour contrer la croissance de bactéries ;
2. *Les acidifiants:* privilégiés pour la conservation des légumes (vin, vinaigre), ils ne doivent pas dépasser 2% de la préparation sous peine d'en altérer le goût ;
3. *Le sel :* sert pour la conservation de viandes, poissons et légumes ;
4. *La saumure* : est une technique visant à tout d'abord fumer les aliments avant de les conserver dans du sel ;
5. *Le fumage,* enfin, prévoit que la viande et les poissons soient simplement fumés, mais il faudra dans ce cas éviter de manger les parties noires du produit, qui sont cancérigènes.

➢ La déshydratation

Partant du fait que les bactéries ont besoin d'eau pour se développer, la technique de déshydratation vise à sécher les aliments sous vide à basse température pour enlever l'eau qu'ils contiennent et permettre ainsi leur conservation. On peut ainsi conserver longtemps les légumes secs, les fruits secs, le riz et les pâtes déshydratées grâce à cette technique, à condition de les protéger d'un milieu humide. Les aliments déshydratés contiennent davantage de calories, de fibres, de minéraux et de vitamines, mais ils sont dépourvus de vitamine C.

Certains aliments sont lyophilisés par séchage sous vide du produit congelé, ce qui permet de réduire les aliments en poudre, en flocons ou en granulés.

➢ L'irradiation

Egalement appelée « ionisation » des aliments, cette technique vise à prolonger la conservation en inhibant la germination (cas des graines, des oignons et des pommes de terre) ou en détruisant les parasites et microbes des aliments (blé, épices, fruits secs, viande).

L'irradiation ralentit notamment le mûrissement des fruits et des légumes.

Cette méthode de conservation n'altère pas l'aspect, le goût et la texture des aliments, mais elle en modifie la structure chimique, bien que ceci ne semble pas avoir d'impact prouvé sur la santé.

➢ Le froid et la congélation

Les aliments sont ici conservés à une température entre 2 et 8° mais les microbes ne sont pas tués, leur croissance est seulement ralentie. Seule la vitamine C disparaît progressivement, en quelques jours.

On notera que les carottes râpées, la viande hachée et les coquillages supportent mal d'être conservés dans un frigo.

La congélation à −18° peut à son tour permettre de conserver un aliment de 2 mois à 2 ans (selon le type de produit) mais il faut se rappeler de ne jamais recongeler un produit qui a été dégelé !

➢ Le chauffage

Cette technique inverse conserve les produits en les emballant de façon hermétique et en les chauffant ensuite entre 60 et 150°, selon la méthode (appertisation, UHT, semi-conserves ou pasteurisation).

➢ La conservation sous vide

On retire ici l'air de l'emballage du produit, ce qui prévient son oxydation et la prolifération microbienne. On peut aussi remplacer l'oxygène par de l'azote, notamment pour les plats préparés ou les charcuteries.

➢ Les conservateurs chimiques (sulfites, nitrites, propionates, etc.)

Désignés par le code « E 2.. », les conservateurs chimiques évitent l'oxydation du produit et la prolifération de bactéries tout en respectant les nutriments. Cependant ils ne permettent pas une conservation illimitée des aliments. Il est donc prudent de lire les dates de péremption.

Il existe actuellement plus d'une trentaine de conservateurs chimiques. Parmi eux, *les sulfites* sont les additifs les plus allergisants, pouvant occasionner des problèmes cutanés, mais aussi des problèmes respiratoires, des maux de tête et des sensations de mal-être ou de fatigue intense.

Les nitrites et nitrates transformés en nitrosamines sont eux potentiellement cancérigènes, en fonction des doses utilisées.

Les autres additifs alimentaires :

➢ Les antioxygènes (benzène, etc.)

Les antioxygènes sont des additifs qui retardent l'oxydation des matières grasses notamment, en évitant ainsi leur rancissement. Une huile d'olive sans additif est plus vite rance et renferme une odeur qui peut déplaire. Les fruits et légumes de grande surface, sont souvent traités avec du benzène. Les plus employés sont les BHA (= E 320) et BHT (= E 321).

➢   Les acidifiants

Ils agissent sur le degré d'acidité des produits. Ils sont désignés par les codes E 325 à E 390.

➢   Les texturants (gommes, agar-agar, carraghénanes, pectine, lécithine, etc.)

Ces additifs modifient la texture de l'aliment afin d'assurer la stabilité physique de la préparation. Ils peuvent ainsi être gélifiants, liants, épaississants, émulsifiants, etc. On les utilise notamment dans les margarines, les mayonnaises, les crèmes, les sauces, les confitures et gelées.
Désignés par le code « E 4 .. », ils sont considérés comme peu toxiques.

➢   Les additifs à multiple usage

Certains additifs comme les carbonates de sodium ou de magnésium, les chlorures de calcium ou de potassium modifient le goût des aliments en les acidifiant puis en neutralisant cette acidification par des composés alcalins. Ils sont désignés par le code « E 5.. ».

➢   Les exhausteurs de goût

Désignés par le code « E6.. », ces additifs diffèrent des arômes et ont pour fonction de renforcer le goût des aliments. Parmi eux, les glutamates seraient responsables de problèmes digestifs tels que des douleurs et des gonflements intestinaux allant jusqu'à la nausée (syndrome du restaurant chinois).

➢   Les enrobages

Ils sont appliqués à la surface de l'aliment pour lui donner un aspect brillant ou une couche de protection telle que la cire d'abeille. On les désigne par les codes E 900 à 914.

➢   Les gaz propulseurs

Ils sont divers dont l'argon, l'hélium, l'azote, l'hydrogène, le butane, le propane,…
Ils sont désignés par les codes E 938 à E 949.

➢   Les édulcorants

Les édulcorants envahissent de nos jours le marché des produits dits « light » mais le cerveau et le pancréas réagissent aux édulcorants de la même manière qu'au sucre. Plus de 5.000 produits contiennent de nos jours de l'aspartame !

La consommation répétitive d'un édulcorant entretient l'attirance pour les saveurs sucrées, voire la renforce. On sait qu'ils perturbent aussi le système de contrôle de la prise alimentaire (mécanisme de la satiété) de la même manière que les arômes.

Les édulcorants semblent responsables de nombreux effets secondaires comme notamment des flatulences, des pertes de mémoire, une déficience en sérotonine (l'hormone du bien-être) et d'autres désordres suspectés mais non prouvés. Ils sont donc à consommer avec prudence.

Les produits dits « sans sucre rajouté » ou « 0% de sucre » ou « à teneur réduite en sucre », contiennent des édulcorants. Ils sont désignés par les codes E 950 à E 967.

Les polluants :

➢   Les pesticides

Les pesticides sont des produits chimiques capables de contrôler ou de détruire des bactéries, des champignons, des insectes ou des végétaux considérés nuisibles pour la culture. Ils ont éradiqué les famines et sont donc d'une grande utilité. Mais, par la suite, ils se sont révélés toxiques.

Plus de 50% des fruits et légumes produits par l'agriculture intensive contiennent des pesticides, qui finissent en partie dans notre corps, perturbant ainsi notre santé. Ils semblent être responsables de cancers, de troubles de la fertilité, de troubles hormonaux, de maladies auto-immunes et de troubles neurologiques (anxiété, dépressions, perte de mémoire). Mais ils ne se trouvent pas uniquement dans notre alimentation, ils composent également les produits d'entretien ménager, les produits de charpente…

Les pesticides actuels se retrouvent dans l'enrobage des semences. Le produit se répand donc dans la plante au cours de sa croissance et se retrouve dans le pollen et dans les fleurs.

Tous les fruits et légumes doivent être lavés avant d'être mangés. On élimine ainsi la poussière, les germes et les résidus de pesticides, même pour les fruits que l'on épluchera ensuite. Par ailleurs, il ne faut pas laisser les fruits et les légumes tremper trop longtemps dans l'eau, car ils perdent alors leurs vitamines et leurs sels minéraux.

On peut ajouter un peu de vinaigre pour laver des légumes du jardin.

L'épluchage diminue la quantité de pesticides ingérés mais élimine aussi une grande partie des nutriments et des antioxydants contenus dans la pelure.

➢   Les nitrates

Utilisés comme engrais, les nitrates se retrouvent dans les aliments ainsi que dans les eaux fluviales. On les utilise comme conservateur dans les charcuteries, les poissons fumés, les produits lyophilisés (soupe, café, lait…). Il est prudent d'en consommer le moins possible.

➢   Les dioxines

Les dioxines sont des résidus formés par la combustion du bois, du tabac, du pétrole et des incinérateurs de déchets. Ils se déposent sur l'herbe que mange la vache et se retrouvent donc dans les parties les plus grasses de la viande, ainsi que dans le lait et les produits laitiers. Les poissons des mers polluées en contiennent aussi. Ils ont un effet nocif sur notre santé et leur présence est, par conséquent, contrôlée par les pouvoirs publics.

➢   Les métaux lourds (mercure, plomb, etc.)

Le mercure et le plomb se retrouvent dans les eaux les plus souterraines et dans les champs. Ils proviennent des retombées atmosphériques des industries et des produits utilisés comme fertilisants. Le plomb se retrouve dans les vieilles canalisations d'eau, dans les vieilles peintures, ainsi que dans les amalgames dentaires. Les plombs de chasse sont également une source de pollution.

Il est à noter que la pollution de l'eau est plus facile à maîtriser que celle de l'atmosphère.
La pollution peut aussi provenir de mycotoxines (toxines venant de moisissures suite à une mauvaise conservation des produits), de microbes tels que salmonelles ou prion, et de médicaments donnés aux animaux ou pris par les hommes tels que les antibiotiques ou les hormones (contraception ou hormones de substitution des femmes ménopausées).

Les OGM :

Les organismes génétiquement modifiés (OGM) connaissent un développement à l'échelle mondiale. Ils désignent des végétaux, des animaux ou des microorganismes auxquels on a ajouté des gènes étrangers afin qu'ils acquièrent de nouvelles caractéristiques.

Le maïs génétiquement modifié devient ainsi résistant à une chenille parasite qui détruit habituellement les cultures.

De manière générale, les OGM sont censés améliorer la résistance des végétaux contre les virus, les insectes, les herbicides et les rendre moins sensibles aux variations climatiques. Ils peuvent aussi améliorer la valeur nutritive de certaines plantes comme le riz doré enrichi en vitamine A. Ils permettent inversement d'éliminer certains composants, comme par exemple la caféine du grain de café.

Les truites et les saumons sont transformés afin qu'ils grandissent plus vite ou soient moins sensibles au froid.

Les bovins sont transformés pour qu'ils produisent plus de lait ou du lait avec un taux de lactose moindre, une meilleure viande et soient plus résistants aux maladies.

Les cultures OGM sont représentées essentiellement par des champs de soja, de maïs, de colza et de coton.

En Europe, les végétaux transgéniques autorisés sont essentiellement destinés à l'alimentation du bétail. Aux Etats-Unis, on accepte la culture des tomates génétiquement modifiées entrant dans la composition du ketchup.

Aucune étude n'a prouvé les effets nocifs des OGM sur la santé, et les défenseurs insistent sur le fait que ces organismes nécessitent moins de pesticides. Les OGM représentent néanmoins un risque tant au niveau économique qu'écologique. En effet, le pollen des plantes OGM se propage dans l'air où, grâce aux insectes, il peut féconder des plantes sauvages ce qui conduit à la transmission des gènes transformés à ces mauvaises herbes qui deviennent à leur tour résistantes aux désherbants ! Ces phénomènes écologiques comportent donc le risque de voir apparaître des nouvelles toxines, virus et allergènes. Quant au plan économique, les OGM comportent le risque d'ouvrir la voie au monopole des grandes entreprises agroalimentaires, au détriment des agriculteurs traditionnels.

<u>Les conséquences des additifs sur la santé :</u>

Les effets des additifs sur la santé sont encore mal connus. De plus, on ignore encore les phénomènes de compatibilité et d'incompatibilité entre plusieurs additifs. En d'autres termes, qu'advient-il si on cumule différents additifs ou si on consomme quotidiennement un même produit transformé au-delà des doses journalières admissibles recommandées ?

Dans les faits, les additifs semblent être responsables d'infections chroniques, de problèmes de stérilité, d'atteintes au foie et aux reins, de troubles cérébraux (mémoire, dépression) et ils peuvent générer bien d'autres maladies.

Cette vulnérabilité aux additifs est variable d'une personne à une autre en fonction de l'âge et de facteurs génétiques mais elle est surtout fortement liée à la dose consommée ! L'idéal serait de ne pas consommer plus de 3 additifs par produit alimentaire, tout en excluant tous les colorants (E 100) et en se méfiant des nitrites ou nitrates, des sulfites et du benzène.

Il faut également savoir que les produits mentionnés « sans conservateurs » contiennent bien souvent des additifs ! Ceux-ci se concentrent dans la graisse, et il est donc prudent de jeter la graisse des viande, notamment.

Enfin, on a vu se développer ces dernières années les cas d'obésité alors que les magasins regorgent de plus en plus de produits « light ». N'y aurait-il pas une aberration quelque part ? Est-ce dû au fait qu'on tend à déculpabiliser en mangeant du light et on en mange donc trop ? Ou le phénomène provient-il du fait que les produits dits « de régime » contiennent trop de faux sucres, de fausses graisses et de colorants et arômes qui perturbent notre flore, notre métabolisme et nos hormones, dont celles de la satiété ?

Les produits « bio » sont souvent bien plus chers et se conservent bien moins longtemps que les produits transformés. Ils ont, de plus, un aspect nettement moins attirant. Ils ne contiennent ni pesticides ni engrais mais la pluie, le vent et l'eau peuvent drainer les polluants vers les champs « bio » voisins, ce qui revient à contaminer tout de même un peu ces aliments.

De manière générale, les produits bio semblent apporter les mêmes nutriments mais sont plus riches en vitamine C. Leur risque de contamination principale sont les mycotoxines (moisissures néfastes).

Nous sommes dépassés par une offre alimentaire surabondante alors que nous ne sommes pas programmés pour assimiler autant de produits transformés. Il semble bien meilleur pour notre santé de consommer des produits de saison et des produits les plus naturels possible.

Vivement le retour à la nature, aux préparations faites « maison », à l'odeur du basilic fraîchement coupé et aux abeilles sur les pots de confitures !

LE STESS OXYDATIF

Le terme « antioxydant » est souvent associé à l'idée de jeunesse et de médecine anti-âge. Mais que signifie exactement ce terme et n'est-ce pas un nouveau mot mis à la mode par l'industrie cosmétique ou alimentaire dans un but commercial ?

Le stress oxydatif est à la base du vieillissement et des pathologies liées à l'âge. Cependant, dans certaines régions du monde, comme en Crète ou à Okinawa, de nombreux centenaires se portent très bien, ne souffrant d'aucun problème de santé, mourant de vieillesse et non de maladies. De nombreuses études ont été faites sur ces populations. Ils ont une alimentation apportant une grande quantité d'antioxydants, à travers des fruits et des légumes de culture saine, du thé vert, des épices, du soja … Ils sont, en outre, de faibles consommateurs de viande et de produits laitiers et utilisent de l'huile d'olive ou de colza. Leur mode de vie est assez enviable : sport, méditation, peu de stress, contact social important, rires et petits plaisirs, bref de quoi faire rêver ! Tous ces éléments réunis donnent la recette de la longévité. Mais ce n'est pas tant vivre vieux qui attire mais surtout vivre en bonne santé, sans troubles cérébraux, sans arthrose, sans médicaments !

Le stress oxydatif est un mécanisme qui n'a rien à voir avec le stress tel qu'on le connaît! Il désigne un déséquilibre entre les radicaux libres et les antioxydants.

Que sont les radicaux libres ?

Ce sont des molécules très instables et chimiquement très réactives parce qu'elles ont perdu un électron. Elles provoquent dans leur environnement des réactions d'oxydation endommageant les protéines essentielles (l'ADN ou disque dur de la cellule), les lipides membranaires et le LDL cholestérol qui devient ainsi « athérogène », c'est-à-dire nocif pour la paroi des vaisseaux. Ce sont donc des molécules que tout être humain fabrique chaque jour, qui sont utiles (ils nettoient les cellules endommagées et tuent les agresseurs) mais aussi très nocives en détruisant tout sur leur passage !

D'où proviennent ces radicaux libres?

Ils proviennent du métabolisme, des facteurs environnementaux et du système immunitaire. Nous en fabriquons à chaque instant de notre vie !

➢ Les radicaux libres métaboliques

L'oxygène que nous respirons perd un électron qui va rentrer dans la chaîne respiratoire avec comme but de transformer le glucose en ATP (notre source d'énergie métabolique). Sans énergie, on ne peut pas fonctionner et sans oxygène, on ne peut pas avoir d'énergie. Pourtant, l'oxygène qui a perdu un électron deviendra nocif pour les membranes de la cellule et pour son ADN (disque dur).

Oxygène → Radicaux libres

Chaîne respiratoire

Sucre
Acides gras
Acides aminés

ENERGIE ou ATP

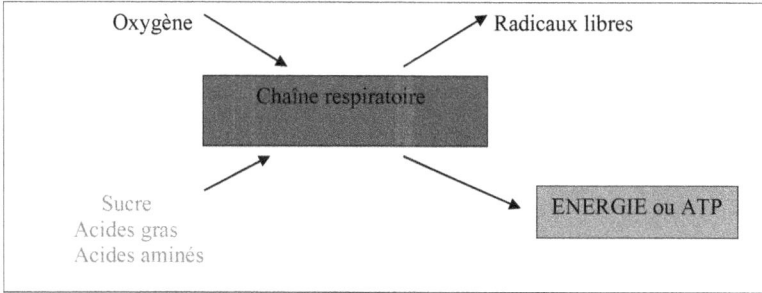

➢   Les radicaux libres environnementaux

Le tabac, la pollution de l'air, les rayons solaires, les médicaments, les substances toxiques, l'inflammation, le stress, les poussières, les excès de minéraux (fer), les régimes amaigrissants et déséquilibrés qui ne contiennent aucune graisse (n'apportant donc que peu de vitamines A, D, E, K) …sont autant de facteurs qui contribuent à la fabrication de radicaux libres.

➢   Les radicaux libres produits par les globules blancs

Les radicaux libres se retrouvent enfin dans nos globules blancs (les soldats du sang) qui en produisent pour éradiquer les bactéries que l'on respire ou que l'on mange, ou tout autre organisme nocif qui pourrait pénétrer dans notre organisme.

Les anti-oxydants ou mécanismes de défense cellulaire

Nos cellules se défendent contre ces radicaux libres qui sont des molécules fortement destructrices.

Pour cela, nous possédons d'abord un système enzymatique de défense qui ne va fonctionner que si on lui fournit assez de vitamines et de minéraux. On trouve ensuite des antioxydants externes, qui se retrouvent essentiellement dans les fruits et les légumes.

Les antioxydants sont des nutriments qui combattent les radicaux libres et participent ainsi à la lutte contre le vieillissement cellulaire.

En d'autres termes, on peut s'imaginer que l'oxygène que nous respirons ainsi que le tabac, le soleil, les toxiques que nous subissons « mettent le feu » aux cellules –c'est l'effet des radicaux libres. Mais nous sommes dotés de pompiers internes et nous pouvons aussi faire appel à des pompiers externes – ce sont les antioxydants. Il faut toutefois rémunérer ces pompiers, sans quoi ils n'effectueront pas leur travail d'extinction du feu –c'est l'apport en vitamines et minéraux.

Le stress oxydatif

On parle de stress oxydatif quand survient un **déséquilibre** entre la production de radicaux libres et les systèmes de défense de l'organisme. C'est comme si les pompiers étaient débordés et n'arrivaient plus à maîtriser tous les foyers !

Ce stress oxydatif va entraîner une altération des fonctions cellulaires voire leur mort, avec, comme conséquence, le vieillissement des cellules et son cortège de maladies. C'est ainsi qu'apparaissent les rides, les cheveux blancs, le risque de cancer, le risque d'atteinte cardiaque et d'athérosclérose, le diabète de la personne âgée, la cataracte, le vieillissement cérébral, etc.

Comment éviter le stress oxydatif ?

⇨ *En évitant les risques*

- pas de sport intensif car il augmente l'apport d'oxygène,
- pas de toxiques, de tabac, et d'exposition prolongée au soleil,
- pas d'aliments trop caloriques,
- pas de prise d'aliments oxydés par une mauvaise conservation.

⇨ *En augmentant les défenses :*

- par la prise de fruits, de légumes, de thé vert et de quantités modérées de vin,
- par une alimentation suffisamment riche en vitamines et en micro-nutriments.

Où trouver les antioxydants ?

Les aliments en contiennent beaucoup et l'association, au sein d'une même prise alimentaire de différents antioxydants, semble être propice à un bon apport. Il est donc très important de varier la couleur des fruits et légumes.

On retrouve ainsi :

- La vitamine E: dans les huiles végétales ;
- La vitamine C: dans la plupart des fruits et légumes et en particulier dans les agrumes, les kiwis, les poivrons, les brocolis et la papaye ;
- Les caroténoïdes: dans les carottes, tomates, épinards, choux et fruits (dont exotiques) ;
- Les polyphénols: dans le vin rouge, le thé, les légumes et fruits de différentes couleurs, l'oignon ;
- Le sélénium: dans les poissons gras, les huîtres, les langoustes, les crevettes, le foie, la dinde, les noix du brésil, les céréales complètes et l'ail ;
- Le coenzyme Q10 (protecteur cardio-vasculaire) : surtout dans les sardines et les épinards ;
- Le zinc: dans les huîtres, les crustacés, les poissons, le jaune d'œuf et les céréales complètes ;
- Les épices: soit le curcuma, le curry, le gingembre, le poivre vert, l'ail, les échalotes, les herbes aromatiques, etc.
-

…et dans le bon chocolat belge !

Faut- il prendre des compléments antioxydants en gélules ?

Une alimentation bien équilibrée est normalement suffisante pour assurer l'apport en antioxydants. Il semble dangereux de prendre des compléments sans contrôle car un excès d'antioxydants semble tout aussi dangereux qu'une insuffisance. Certaines circonstances peuvent toutefois justifier leur prise. Il faudrait alors idéalement les prendre sous contrôle sanguin, ou d'une façon très temporaire.

En conclusion...La règle de consommer cinq fruits et légumes par jour est très importante pour garantir son apport quotidien en antioxydants, surtout de nos jours où l'air est de plus en plus pollué et où le stress nous colle à la peau.

FONCTION INTESTINALE

En médecine chinoise, l'organe le plus important de notre corps, c'est l'intestin.

Il est en effet responsable de la santé de nos autres organes, en absorbant sous contrôle les éléments nécessaires comme nos nutriments, nos vitamines, nos hormones, notre cholestérol et en empêchant le passage des éléments non désirés tels que : toxines, aliments mal digérés, microbes, virus et de tout ce qui pourrait rentrer dans le sang et faire du tort à notre santé.

L'intestin ressemble donc à une grande barrière qui absorbe ou empêche l'entrée selon les besoins.

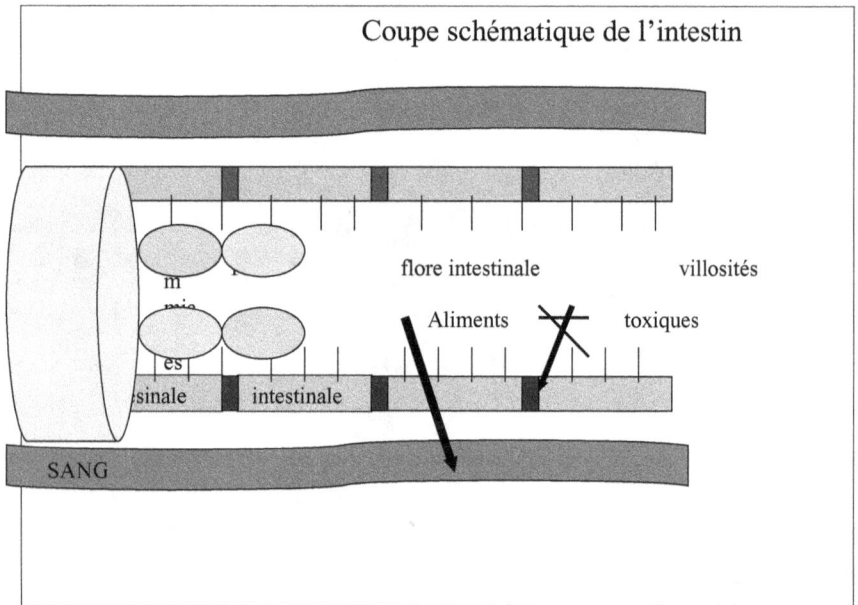

Coupe schématique de l'intestin

flore intestinale   villosités

Aliments   toxiques

m
mic
es
sinale   intestinale

SANG

Cette barrière est protégée par la flore intestinale qui est un ensemble de bonnes bactéries (comme des soldats devant une barrière) ; il est donc très important de bien la nourrir pour qu'elle reste capable de jouer son rôle de protection. Ces bonnes bactéries mangent essentiellement des fibres (fruits, légumes, céréales complètes, légumineuses …). Il faut aussi remplacer les bactéries mortes au combat ou de vieillesse par des probiotiques (microbes amenés de l'extérieur) et éviter de les tuer (stress, médicaments…).

Soldat 1   Soldat 2   Soldat 3

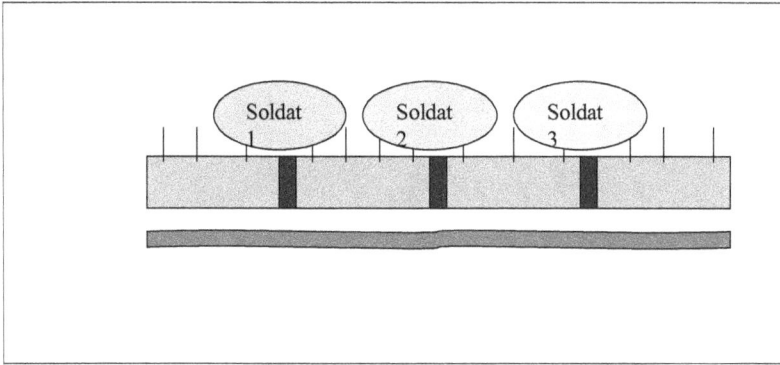

L'intégrité de la surface d'absorption est en continuel renouvellement et dépend étroitement d'une flore intestinale bien équilibrée. La superficie de notre intestin est celle d'un, voire deux terrains de tennis et la flore qui la protège pèse jusque deux kilos, compte cinq cent espèces différentes. Nos intestins hébergent plus de bactéries que notre corps entier ne compte de cellules et ces micro-organismes réunis possèdent cent fois plus de gènes que nous. Cette flore est donc un véritable organe capable de multiples réactions enzymatiques sur les substances provenant de l'alimentation ou du foie.

Une excellente santé et un maintien de poids sont impossibles sans une bonne alimentation. Encore faut-il que les aliments qui la composent soient correctement digérés par le système digestif et soient bien assimilés. En d'autres termes, il faut manger tous les aliments essentiels à notre santé, les préparer par la digestion (salive, estomac, vésicule biliaire, pancréas, intestin), et enfin les absorber pour qu'ils puissent entrer dans le sang et aller dans les cellules qui en ont besoin. Si une de ces étapes ne se fait pas, on s'expose à des manques de nutriments, de vitamines et d'antioxydants avec les risques que cela comporte !

La flore intestinale

90 % de la flore totale est représentée par la flore dominante soit :
- La flore de fermentation qui se nourrit de sucres (lactobacilles – bifidobactéries)
- La flore de putréfaction qui se nourrit de protéines (coli – bactéroides – clostridium)

Les 10 % résiduels sont des bactéries potentiellement pathogènes ou des levures.

La bonne balance entre ces différentes bactéries est très importante pour la protection de la barrière intestinale ; il est important d'avoir un équilibre entre la flore de fermentation et la flore de putréfaction et de le maintenir afin d'éviter la prolifération des bactéries pathogènes.
Chaque être humain possède sa propre collection bactérienne, telle une empreinte génétique.

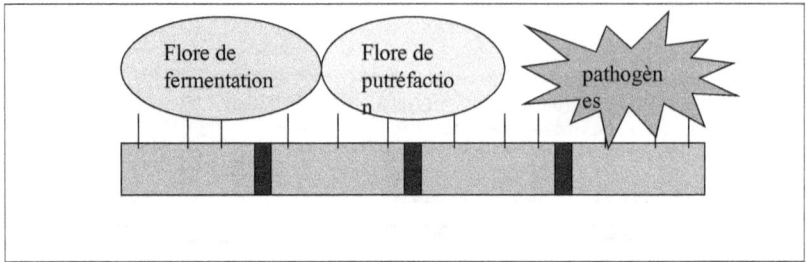

Les rôles de la flore

Notre flore a de nombreuses fonctions :

- Elle protège l'intestin contre les espèces pathogènes (ou mauvais microbes) ;
- Elle neutralise les toxines, qu'elles soient alimentaires ou bactériennes ;
- Elle sécrète des enzymes - par exemple, la production de lactase qui permet de découper le lactose (ou sucre du lait) en sucres simples ;
- Elle traite la bile ;
- Elle permet l'assimilation des phyto-oestrogènes et des oestrogènes ;
- Elle synthétise des vitamines, dont la vitamine K et les vitamines B ;
- Elle produit des acides gras qui servent de nourriture aux cellules du colon et donc, elle nourrit les cellules intestinales ;
- Elle sécrète des peptides (GLP-1) qui sont en étroite relation avec notre système de satiété ;
- Elle stimule le système immunitaire (moins d'infections), etc.

Cette flore mal connue encore, ne cesse de nous étonner ! Il est bon de la respecter en ne lui donnant à manger que des aliments sains et en évitant de la traumatiser par des médicaments comme les antibiotiques, par le stress chronique …. (voir dysbiose)

Les chercheurs ont découverts que la flore intestinale était en rapport avec le poids et que la flore des souris obèses était bien différente de celle des souris minces. Il semblerait que la composition de la flore soit la conséquence et non la cause des différences de poids corporel.

Une dysbiose signifie :

66

Un déséquilibre de la flore intestinale qu'elle soit due à une prolifération ou à une déficience bactérienne.

La prolifération de la flore de fermentation se produit lorsque l'alimentation est trop riche en sucre et en féculents raffinés (et non en féculents complets).

La prolifération de la flore de putréfaction provient à son tour lors d'une surconsommation de protéines animales ou lors d'une diète protéinée.

La déficience de la flore intestinale est due au manque d'apport de fibres alimentaires (pas assez de céréales complètes, de fruits et de légumes). Elle peut aussi provenir de la destruction de la flore par antibiotique ou chimiothérapie, par le stress chronique ou par une alimentation transformée.

Conséquences d'une dysbiose

Ce déséquilibre de la flore a de nombreuses conséquences sur notre santé. Voici quelques unes des situations les mieux connues :

Il est responsable d'un leaky gut syndrome (LGS), c'est-à-dire que les protéines de jonction qui unissent les cellules intestinales sont brisées (plus de ciment entre les briques intestinales).

Le LGS pourrait être comparé à des micro-fissures dans la barrière qui permettent l'entrée des microbes, des virus, des toxines, des aliments mal digérés…. Ceci a comme conséquence, l'apparition d'infections chroniques (sinusite, eczéma, bronchite…), d'allergies alimentaires avec tout le cortège de maladies auto-immunes qui lui sont dues et bien sûr le risque de voir se développer des maladies plus graves.

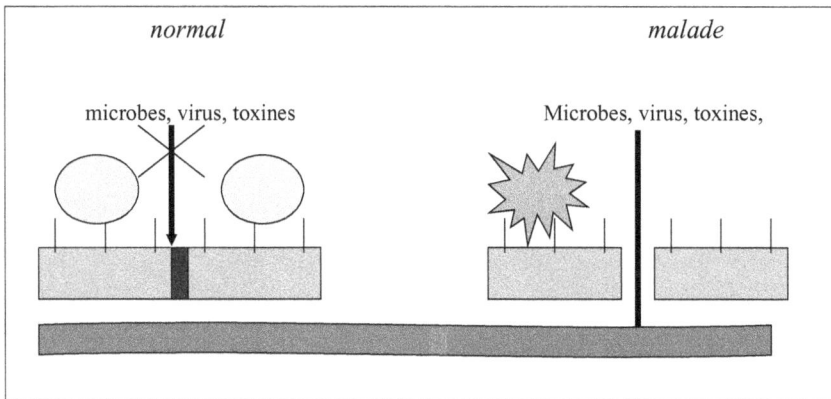

normal   *malade*

microbes, virus, toxines   Microbes, virus, toxines,

La dysbiose conduit aussi à l'envahissement de levures comme le candida albicans. Une candidose intestinale se manifeste par des plaintes somatiques insidieuses telles que : alternance constipation - diarrhée, colon irritable, humeur fluctuante, fatigue, troubles de la mémoire, troubles cutanés, algies comme des tendinites résistantes ou des lombalgies ainsi que des appels de sucre incontrôlables (pas d'envies de sucre mais des besoins réels de sucre).

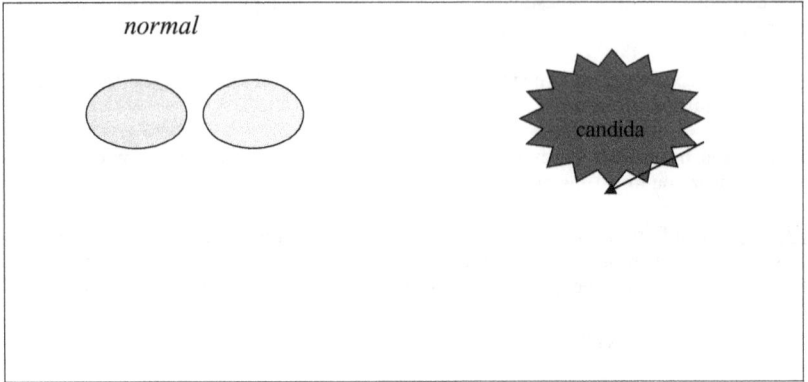

La dysbiose permet le développement des <u>bactéries potentiellement pathogènes</u>, c'est à dire de bactéries qui sécrètent des toxines endommageant la paroi intestinale. Cela conduit non seulement à un LGS mais aussi à des troubles d'absorption par l'entérocyte (cellule intestinale) avec comme conséquence une carence en vitamines, en minéraux et une grande fatigue associée.

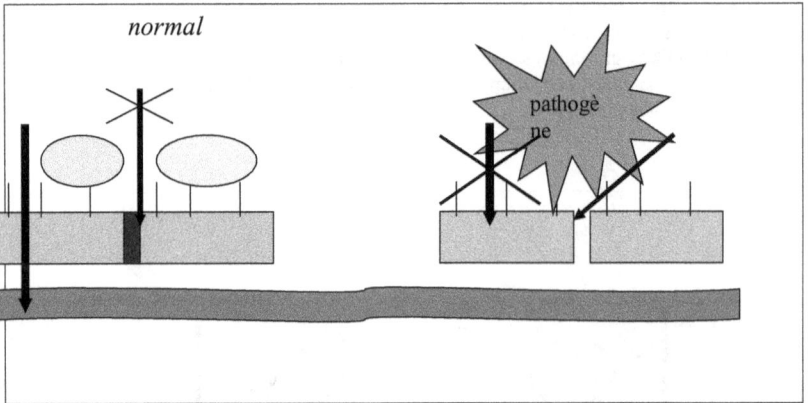

C'est pourquoi certaines personnes, malgré la prise fréquente de vitamines et minéraux tels que fer et calcium, n'arrivent pas à remonter leur taux sanguin. On a beau prendre une bonne alimentation ou des suppléments vitaminés, si l'intestin est malade, on ne pourra pas en profiter.

Une dysbiose va aussi être responsable aussi de gaz et de ballonnements avec douleurs coliques.

La bonne santé intestinale

On vient de voir toute l'importance de garder un intestin le plus sain possible. Pour cela il est de mise de respecter certaines règles élémentaires.

Tout d'abord, il faut réapprendre à manger lentement, de telle sorte que les aliments aient le temps d'être complètement scindés par la salive puis, tour à tour, par l'acidité de l'estomac, la bile et les enzymes pancréatiques … les aliments pénètrent ainsi dans les cellules intestinales sans casser la barrière.

Il faut également tenir compte de l'équilibre entre protéines, soit consommer autant
⇨   de protéines végétales, source de fibres et de glucides, nutriment de la flore de fermentation, que,
⇨   des protéines animales, source de lipides et nourriture pour la flore de putréfaction.

Il faut nourrir notre flore, en mettant des fibres solubles et insolubles, dans nos assiettes. On en trouve dans les fruits, les légumes, les légumineuses et les céréales complètes.

Il faut aussi penser à remplacer les microorganismes morts de telle sorte que les sites libres ne soient pas réoccupés par des pathogènes avec, comme risque, une barrière non-fonctionnelle. Ceci se fait grâce à la prise de produits fermentés et de yaourts, chaque jour.

Le stress, l'alcool, les médicaments dont les antibiotiques, les anti-inflammatoires, les laxatifs, et les produits ajoutés aux aliments par les industriels ou les agroalimentaires doivent être évités autant que possible.

Une recherche d'intolérances alimentaires via une prise de sang permet le dépistage d'une cause bien souvent méconnue d'irritation colique. On constate une recrudescence d'intolérances surtout concernant le lactose (sucre du lait), la caséine (protéine des produits laitiers), les œufs, et le gluten.

Des symptômes tels que de la fatigue, l'ostéoporose, l'anémie, des infections récidivantes, une prise de poids injustifiée, l'infertilité, une fibromyalgie, des migraines, de l'eczéma, de la constipation ou des diarrhées et des douleurs coliques doivent faire l'objet de recherche d'un trouble du fonctionnement de la muqueuse intestinale.

L'intestin est la clé de la bonne santé !

QUELQUES EXEMPLES

DE MEDECINE PREVENTIVE

BASEE SUR L'ALIMENTATION

Je désire perdre du poids

Prenez d'abord rendez-vous avec vous-même car rien n'est plus simple que de perdre du poids, une fois la décision prise !

Il faut quitter ses mauvaises habitudes et en réapprendre de nouvelles. Surtout ne pas penser en termes de frustration mais de nouvelle façon de vivre !

Il faut aller jusqu'au bout de son désir, sans perdre patience, sans se donner de limite temps, en vivant au jour le jour. « Aujourd'hui sera une bonne journée, demain on verra bien ».

Progressivement on se prend au jeu, et cela devient plus facile et même assez agréable. Quelle grande satisfaction ressentie quand on a atteint son objectif ! Combien de femmes et d'hommes se disent « comment ai-je pu manger aussi mal ? » « Je me sens déjà tellement mieux!». Et en effet, on les voit rayonnants, avec des étoiles plein les yeux et des pantalons tombant sur les genoux.

Toutes les raisons de vouloir perdre du poids en trop, sont bonnes sauf si on entreprend un régime pour faire plaisir à quelqu'un d'autre qu'à soi-même. Pour les femmes le plus souvent, perdre du poids fait suite à un désir de se plaire ou de plaire en général. Tandis que pour les hommes, il s'agit, en général, de réagir à la peur de la maladie.

Les méthodes existantes pour maigrir

En premier lieu, le régime protéiné (normoprotéiné mais hypoglucidique) est envisageable comme bon starter psychologique vu sa grande efficacité et ses résultats rapides. Mais il ne doit pas durer dans le temps. Il faut vite réapprendre les bons gestes d'une alimentation variée sous peine de voir apparaître une dépendance au régime protéiné ou un effet rebond dès son arrêt suite à une frustration.

Les coupe-faim peuvent également fournir une aide si le désir de maigrir est présent mais que la volonté flanche. Des préparations magistrales bien étudiées peuvent procurer un bon coup de pouce. L'important est de soutenir la perte de poids, sans provoquer de problèmes associés à la prise de médicaments. La gélule va ainsi être un compagnon de route, le patient se sentant soutenu dans son régime.

Les régimes déséquilibrés, comme proposés par certains magazines féminins, risquent de faire perdre plus de muscle ou d'eau que de graisse. Ainsi ne manger qu'une petite salade à midi et une soupe au chou le soir, permet de perdre facilement du poids mais pas de la graisse. Il est donc important de suivre certaines règles de base dans lesquelles les protéines ont toutes leur place.

> => Attention, un régime apportant moins de 1.500 Kcal par jour, ne nous apporte pas assez de vitamines et de minéraux ; il est donc important, durant cette période, de prendre des compléments en pharmacie ou en magasin spécialisé.

Maigrir semble être plus facile pour certaines personnes qui peuvent se mettre en mode ON – OFF (l'interdit est plus facile que la gestion d'aliments prohibés) mais pour d'autres, cela signifie refuser, se frustrer, et elles ne vivent pas toujours les régimes avec bonne humeur.

La phase la plus importante est celle du démarrage ; passé ce cap le régime alimentaire devient une habitude et le plaisir de se sentir mieux prend le pas. On est moins essoufflé quand on monte les escaliers, on dort mieux, on ronfle moins, on retrouve de l'énergie et … on se plaît davantage.

Quelques conseils

Quelle que soit la méthode choisie, il est indiqué de suivre ces différents conseils :

1. Ne pensez pas en terme de régime et de frustration, mais en terme de nouvelle façon de vous nourrir ;
2. Veillez à corriger d'éventuels déficits hormonaux ;
3. Diminuez fortement les sucres à IG élevé ;
4. Evitez les graisses saturées (fritures, mayonnaise, graisses industrielles, etc.) ;
5. Augmentez votre apport en oméga 3 (présents dans l'huile de colza ou de noix, les poissons …)
6. Equilibrez votre apport en protéines ;
7. Prenez des aliments non traités industriellement ;
8. Augmentez votre apport en anti-oxydants sous forme de fruits et de légumes ;
9. Soignez votre intestin ;
10. Mangez le moins vite possible ;
11. Perdez l'habitude de prendre des en-cas ;
12. Evitez tout écart pendant le régime ;
13. Intégrez le sport dans votre vie ;
14. Buvez à votre soif mais évitez toute consommation de sodas, même light, et limitez votre apport en vin à un verre le week-end.

Une alimentation équilibrée consiste en une association faite de viande maigre, de poissons, de féculents (riz, pain complet, pomme de terre), de produits laitiers, d'huiles naturelles et variées, de fruits et surtout de légumes.

Au début d'un régime, il est fréquent que des **hypoglycémies** surviennent, car le corps réclame le sucre dont il est privé. Après quelques jours, l'organisme cessera d'être en demande, lorsqu'il aura compris qu'on ne craquera pas. Afin de l'y habituer, on peut consommer au début du régime : un fruit, un yaourt ou une soupe comme en-cas.

Il est également possible de ressentir une **sensation de faim** en phase de démarrage. Cette sensation réelle, qui vient du ventre et non de la tête (l'effet de gourmandise) disparaîtra elle aussi avec le temps. Il faut parfois passer par des moments difficiles pour gagner la bataille. Un brossage de dents, un tricot, un verre d'eau pétillante, une petite balade en plein air et le tour est joué !

Quand au **dessert** qui clôture si bien un repas, il ne posera pas de problème s'il survient juste en fin de repas et est composé d'aliments autorisés: un fruit, un yaourt, une compote ou un pudding fait maison, ou un seul (!) carré de chocolat noir.

Après cette douceur, n'absorbez plus rien en cours de **soirée**, si ce n'est une tisane calmante ! Si vous éprouvez des difficultés, troquez votre télévision pour un bon livre, un jeu de société, une soirée entre amis, un cours de gymnastique ou tout autre hobby vous empêchant de manger et, comme par enchantement, vous perdrez vos habitudes de grignotage! Demandez aussi à vos proches d'éviter de mettre vos snacks préférés sous vos yeux. Certes, ce n'est pas parce que vous avez décidé de maigrir qu'il vous faut mettre tout le monde au régime, mais le soutien de l'entourage n'est pas non plus superflu... De plus, il est bénéfique pour tous d'apprendre à mieux gérer son alimentation.

Prenez par ailleurs le **temps de maigrir**. Nous ne sommes pas égaux dans notre rythme de perte de poids, ni dans le seuil de notre poids idéal. De nombreuses injustices existent en médecine, mais l'idéal est de donner au corps le temps de perdre ses kilos superflus et d'atteindre un objectif réalisable. Le syndrome de la balance est également à éviter car on peut avoir des résultats faussement positifs (perte de kilos mais uniquement de l'eau) tout comme faussement négatifs (perte de graisse sans perte de poids), et le risque de découragements qui s'en suivent. Si vous êtes impatient, comptez les kilos perdus en paquets de beurre : 1kg correspond à 4 paquets, vous verrez ainsi que la masse perdue semble être bien souvent énorme et vous pourrez vous en féliciter.

Un exemple de régime facile à suivre

Pour perdre progressivement du poids, il vous suffit d'associer les aliments repris dans les différentes colonnes entre eux :

-       Le matin : on associe 1 + 2 + 3 + 4
-       Le midi : on associe surtout 2 + 3 + (4 en petite quantité)
-       Le soir : on associe surtout 1 + 2 + (4 en petite quantité)

1.	2.	3.	4.
Poisson- crustacés Poulet- dinde- pintade Lapin- canard- pigeon- caille Autruche- gibier Rôti de bœuf/ de veau Jambon dégraissé Œufs Colombus (oméga 3) Fromage light Yaourt – fromage blanc maigre Soja : lait- germes- tofu Quorn Légumineuses (lentilles)	Légumes Fruits Tous Sauf bananes et raisins	riz complet pain complet pâtes pommes de terre flocons d'avoine galette de riz quinoa semoule boulgour	huile d'olive huile de colza huile de noix margarine allégée beurre allégé noix – noisettes

Il vous faudra également éviter les aliments suivants, au cours du même régime :

Côtes- côtelettes	pain blanc	margarine et beurre
Saucisse	purée	huile trop chauffée
Saucisson	confiture	Mayonnaise
Porc-agneau-mouton	riz à cuisson rapide	sauce et crème fraîche
Peaux de volaille	corn flakes	fritures
Lait de vache	bonbons – biscuits	
Excès de fromage	viennoiseries	
Plus de 6 œufs/ semaine	crème glacée- pâtisserie	
Lard	sodas et alcool	

Exemples :

Matin :
- pain complet légèrement beurré avec du fromage et jus de fruit
- pain gris avec du fromage blanc et des radis
- pain complet avec des œufs sur le plat et fruit de saison
- pain gris avec du fromage blanc et des fraises
- pain gris grillé nappé d'huile d'olive, tomate et fromage
- céréales ou flocons d'avoine avec du lait de soja enrichi en calcium, quelques morceaux de pomme et des éclats de noisettes
- yaourt blanc maigre dans lequel on ajoute une compote maison avec une galette de riz

Midi :
- potage maison avec les légumes de saison et une tranche de pain complet ; fruit en dessert
- salade de crudités assaisonnée d'une huile de colza et tranche de pain complet ; compote en dessert
- sandwich avec des légumes grillés tels que aubergines, courgettes, poivrons ; jus de fruit
- pâtes avec de la sauce tomate et oignons, ail, basilic ; fruit
- salade de pâtes avec morceaux de tomates, concombre, champignons crus, épices
- pâtes à l'huile d'olive avec salade de blé, chicons crus, morceaux de pomme, huile de noix
- lasagne végétarienne
- riz nappé d'une ratatouille ; fruit
- salade de pomme de terre avec des haricots verts ; fruit
- taboulé aux légumes avec des petits raisins

Les épices à utiliser sont nombreuses, n'hésitez pas à faire votre marché en conséquence ! Changez régulièrement d'endroits pour faire vos courses !
Variez les restaurants ou les endroits où vous achetez votre lunch pour augmenter vos idées !
Préparez le plus souvent votre repas vous-même !

Soir :
- tomate crevette suivie d'un poisson grillé avec des légumes de saison ; yaourt avec quelques morceaux de fruit
- soupe maison ; poulet grillé avec de la salade ; fruit ou compote
- minestrone avec parmesan ; tranches de dinde aux airelles
- betteraves rouges sur lit de roquette avec copeaux de parmesan ; pigeon aux petits raisins
- assiette de légumes grillés ; lapin aux pruneaux
- pêche au thon, huile d'olive ; rôti de bœuf, petits pois et carottes
- wok de légumes avec du quorn ou du tofu
- salade de carottes râpées avec omelette aux fines herbes ; fromage
- salade verte avec sardine, thon, saumon, maquereau, hareng ; fruit
- soupe de poisson avec des légumes coupés en petits morceaux, cubes de saumon et de cabillaud, épices thaïlandaises
- lentilles avec petits morceaux de carottes et oignons servies avec une salade
- tranche de jambon entourant des asperges
- soupe maison, yaourt aux fruits frais
- fromages et salade

Les quantités sont mises dans le chapitre « mes petits conseils »

Mangez le moins possible le soir surtout si le repas est pris tard ! En effet, les dernières études tendent à prouver, en tout cas sur les souris, qu'elles grossissent plus si leur alimentation est nocturne.
Veillez à alterner légumes crus et cuits !
Les fruits peuvent être pris crus ou cuits en compotes avec du gingembre et de la cannelle !
Attention à la matière grasse rajoutée, la cuillère reste un bon moyen pour doser !
Organisez votre journée alimentaire et ne vous laissez pas surprendre par un frigo vide ou par le manque de temps ; au retour des courses préparez déjà la soupe et quelques légumes.
Le congélateur est un bon moyen de garder des légumes, des soupes, des restes qui seront bien utiles les jours de grande activité.

Pour accélérer la perte de poids, on peut ajouter au régime qui précède une journée par semaine de diète :

⇨ Soit protéinée : (sachets de protéines et légumes en journée - poisson et légumes le soir)

⇨ Soit de légumes cuits : il vous faut alors choisir quatre légumes dans la liste suivante, et les cuire dans de l'eau, sans autre ajout :

endive	haricots verts	brocoli
épinards	salade	soja
courgettes	fenouil	chou-fleur
aubergines	asperges	poireau
tomates	céleri	

Vous devez ensuite les consommer comme suit :

Au petit déjeuner et au goûter :   jus de légumes + 1 fruit + 200 g de fromage blanc maigre ;
Au déjeuner et au dîner :   400 g de légumes au choix + 3 blancs d'œuf

Sauce autorisée sur les légumes : 1/3 de sauce soja + 1/3 de sauce Maggi + 1/3 d'eau

Courage, le jeu en vaut la chandelle !

Je désire maintenir mon poids

Afin de réussir à se stabiliser dans son nouveau poids, il faut revenir un instant en arrière et identifier ses erreurs passées. Quels sont les comportements qui ont occasionné la prise de poids ? Les grignotages ? Les quantités ingérées ? Une nourriture pas assez variée et de mauvaise qualité ? Le manque de sport ? Le fait de manger trop vite ? Les sorties arrosées répétées ? Les restaurants professionnels ? Le manque de temps ?

Cette démarche permettra ainsi de ne pas renouveler les erreurs passées mais plutôt d'en tirer des leçons pour l'avenir.

Réussir à maintenir son poids est en effet une entreprise qu'on ne peut pas réduire à la formule arithmétique simpliste : « je mange moins et je bouge plus, donc je ne regrossis pas » ! Comme pour faire son jardin on a besoin de différents outils : une pelle, un râteau, une tondeuse, une pioche... pour maintenir son poids, il est important de prendre conscience des nombreux facteurs qui entrent en ligne de compte. Il faut utiliser le bon outil car il est vain d'essayer de tondre sa pelouse avec un râteau !

Les facteurs psychologiques

Toute personne qui est parvenue à perdre du poids aura naturellement peur de reprendre ses kilos perdus. Elle pourra aussi subir l'influence de personnes de son entourage qui n'ont pas réussi pour leur part à perdre du poids, et qui l'inviteront à succomber à diverses tentations. Il peut s'en suivre des sentiments de frustration avec culpabilité à l'occasion du premier « craquage ».

Et si on apprenait à quitter nos peurs et à les transformer en *désirs* ? La meilleure façon de dévier vers des régimes « yo-yo » (à répétition) est d'entrer dans ce jeu de la frustration et de la culpabilité. Pour éviter cela, il vaut mieux se permettre un, ou éventuellement deux repas plus riches par semaine, que l'on prendra dans une atmosphère conviviale avec ses proches, ses amis. Aux repas suivants, manger sainement tout en apprenant à dire «Non !» à soi-même et aux autres.

La carapace « graisse » a parfois sa raison d'être et il est important de chercher son origine pour pouvoir la retirer et ne plus jamais la remettre. Ce travail est plus facile à faire lorsqu'on est accompagné d'un professionnel qui pourra nous aider à l'enlever avec douceur.

Un bon schéma corporel est indispensable pour maintenir son poids. De nombreuses personnes ne se voient pas maigrir ou ne se voient pas minces. Il faut apprendre à apprivoiser son nouveau corps, ce qui devrait notamment passer par un changement de sa garde-robe : on jette les longs pulls et les sous-vêtements d'avant l'amaigrissement et on se reconstitue une garde-robe qui nous plaît et qui nous met en valeur !

Si une partie du corps nous dérange encore, on peut recourir à la médecine esthétique pour en venir à bout. La chirurgie esthétique, les massages, la mésothérapie ou les ondes constituent autant de techniques qui sont à notre disposition actuellement, avec ou sans douleur et dont les coûts variés permettent à chacun de trouver sa solution. La médecine esthétique permet ainsi d'affiner le corps aux endroits désirés, de raffermir une peau distendue par la perte de poids, ou de rajeunir un visage marqué par les régimes. On a souvent peur de perdre trop vite ou aux mauvais endroits, et notamment d'avoir le visage marqué suite aux kilos perdus. Or ces craintes se justifient moins de nos jours grâce aux progrès de cette médecine.

L'hygiène de vie

Réussir à maintenir son poids, c'est également réapprendre certaines règles de base que notre mode de vie nous a fait oublier de manière aussi progressive qu'insidieuse.

On se rappellera ainsi que le fait de manger **doucement** nous permet de réentendre nos messages de satiété et d'éviter l'accumulation d'un certain nombre de kilos en fin d'année. La différence entre des repas pris en 5 min et les mêmes repas pris en 20 min sera de 9 kg après un an ! On peut essayer de manger avec des baguettes chinoises, c'est une bonne façon de ralentir sa prise alimentaire ; ensuite les nouvelles habitudes vont s'installer.

Il est par ailleurs essentiel de prendre ses repas dans une **ambiance** détendue, sans télévision (surtout s'il s'agit du journal télévisé) et sans discussions animées au sujet de factures impayées ou des bêtises du « petit dernier » que l'on remettra à plus tard. En somme, il s'agit de prendre son repas à une table joliment dressée et décorée, accompagné d'une douce musique de fond !

Il est utile de changer souvent de **magasin** car les habitudes d'achat provoquent une alimentation peu variée conduisant alors bien souvent, à de la frustration. Le retour au marché du dimanche matin est à envisager car on y trouve bien souvent , outre de bons produits, une ambiance qui nous donne envie de préparer de belles assiettes.

Le **sommeil** est aussi très important car on constate une prise de poids chez les petits dormeurs (hausse du NPYqui est l'hormone cérébrale de la faim) ou chez les personnes qui mangent la nuit (calories peu judicieuses). Il faut donc instaurer une heure où aller dormir et prendre un dîner peu copieux et peu arrosé pour que le sommeil soit le meilleur possible.

La pratique du sport

Le sport ne doit pas nécessairement être pratiqué en soirée dans une salle de fitness, après avoir travaillé toute la journée, nourri sa famille, donné le bain aux petits et lu leur histoire!

On peut envisager diverses alternatives, telles que par exemple: opter systématiquement pour les escaliers au lieu de l'ascenseur, prendre son vélo pour aller au travail, faire une marche digestive entre collègues lors de la pause du midi, sauter à la corde avec les enfants avant de préparer le repas du soir, organiser une promenade en famille pendant le week-end, se réserver un cours d'aquagym par semaine entre amies (ou une partie de tennis entre hommes) avant de refaire le monde autour d'une tablée!

De même, lorsqu'on passe une soirée chez soi face à la télévision, il sera préférable de faire quelques abdominaux lors de la pause publicité, plutôt que de succomber à la tentation de vider l'armoire à biscuits des enfants !

Contrôler les quantités alimentaires

Une première façon de contrôler sa prise alimentaire est de laisser les plats en cuisine lors des repas: ceci réduira la tentation de se resservir ou de terminer les restes tout en continuant à discuter à table. Il appartiendra alors aux autres membres de la famille de se lever et d'aller en cuisine pour se resservir…et pourquoi pas, d'également faire la vaisselle ! Les restes du repas seront ensuite conservés pour le lendemain ou alimenteront la gamelle du chien, mais pas notre propre bouche.

Il faut également apprendre à ne pas terminer son assiette lorsqu'on n'a plus faim. Mettons donc un frein à notre sentiment de culpabilité : le fait de jeter quelques restes ne contribuera pas à aggraver la faim dans le monde !

Il importe donc d'apprendre à s'écouter, car il y a des jours où on a fort faim, du fait d'une journée difficile passée au travail ou sous l'influence de nos hormones, et des jours où on a moins faim parce qu'on est amoureux ou qu'une journée ensoleillée a contribué à diminuer notre appétit !

Une autre solution pour contrôler ses quantités peut être d'opter pour une petite assiette mais pas une soucoupe, ou pour un bol à moindre contenance.

Dans le même temps, il est essentiel de manger en quantités suffisantes afin d'éviter tout grignotage entre les trois repas principaux. Ainsi le petit déjeuner que l'on nie ou qu'on prend sur le pouce pourra conduire à craquer pour un snack calorique à 11 heures, tout comme la petite salade mangée à midi conduira à se jeter sur le frigo au retour du travail. De manière générale, il faut éviter de sauter un repas car le suivant sera englouti dans l'urgence. De plus, la prise de chaque repas fait dépenser des calories. En effet, la digestion, l'absorption, le stockage ou l'utilisation des aliments demandent à chaque fois de l'énergie à notre corps.

On se souviendra aussi de prendre idéalement ses repas aux mêmes heures de la journée, même si l'heure est tardive en soirée après une journée trop chargée.

Privilégier les aliments de qualité

Il est tellement meilleur pour notre santé de revenir aux produits frais et de faire la guerre aux plats préparés ! On évite ainsi d'absorber de faux sucres, de fausses graisses, des conservateurs et des colorants … et on prend du plaisir à cuisiner des plats « fait maison » qui sentent bon la vie ! On sait qu'une alimentation sans arômes ajoutés permet de maintenir un poids idéal relativement aisément. Les arômes (plus de 3.500 actuellement) ne sont pas toujours indiqués sur les étiquettes. Il est, par conséquent, pratiquement impossible de les dépister.

On n'est certes pas obligé de tout faire soi-même: son pain, ses yaourts, son fromage, son beurre, etc. Mais on peut s'attacher à préparer, autant que possible, des vrais plats composés d'aliments frais et sans additifs. Soit reprendre du temps et du plaisir à cuisiner, seul ou en famille !

Et au restaurant ? me direz-vous ! Le choix est facile : on opte pour un bon restaurant et on privilégie du poisson, de la viande maigre, des légumes et des fruits, accompagnés d'un verre de vin et d'eau.

Et chez les amis ? Ici aussi l'approche peut s'avérer aisée : on mange en petite quantité ce qui semble trop gras et on se rabat sur les légumes.

Et si on n'y arrive pas ? Pas de culpabilité ! On profite du plaisir qu'on s'est accordé et on compense en mangeant léger le lendemain. Il est en effet tellement plus agréable d'avoir devant soi une personne qui profite de la vie plutôt qu'une personne qui mange deux radis et trois carottes !

L'influence de nos gènes

On découvre sans cesse en médecine de nouveaux gènes de l'obésité et on a aujourd'hui établi que chaque personne aura une prédisposition génétique à prendre ou non du poids. Il ne faut pas être victime de nos gènes mais il faut être conscient que les injustices existent. Il convient donc de consulter avant d'entreprendre tout régime et de ne surtout pas vouloir devenir trop mince.

Si vous mesurez 1 m 70, aucune technique ne parviendra à vous allonger pour atteindre 1 m 90. Il en va de même pour le poids : nous avons tous un poids idéal, qu'il nous est plus ou moins facile de maintenir, mais vouloir descendre en dessous de ce seuil sera souvent une vaine entreprise.

Il faudra par ailleurs être d'autant plus prudent que la perte de poids est importante, car les dépenses énergétiques diminuent proportionnellement. On dépense ainsi moins d'énergie pour déplacer un corps qui pèse 65 kilos que pour déplacer ce même corps avec 10 kilos de plus.

Le rôle de notre intestin (voir fonction intestinale)

On ne peut certes pas maintenir son poids et rester en bonne santé sans une bonne alimentation.

 Encore faut-il que les aliments qui la composent soient correctement scindés par nos enzymes digestives et soient bien assimilés par notre organisme.

Dans ce cadre, le rôle de l'intestin grêle est d'absorber tous les nutriments essentiels, mais aussi de faire barrage au passage des toxines, des aliments mal digérés, des microbes, des virus et de toutes autres substances qui pourraient pénétrer et nuire à notre corps.

La prolifération de la flore de fermentation surviendra lorsque l'alimentation est trop riche en sucre et en féculents raffinés. La flore de putréfaction proliférera à son tour suite à une surconsommation de protéines animales ou lors d'une diète protéinée.

La dysbiose (déséquilibre de la flore intestinale) conduit dans ces cas au développement de levures comme le candida albicans. Une candidose intestinale conduit à des plaintes insidieuses dont des appels de sucre incontrôlables.

Déjà au cours des années 1980, des chercheurs avaient évoqué l'idée que les bactéries intestinales joueraient un rôle dans la régulation du poids. Ils avaient constaté que la flore intestinale des personnes obèses influence la quantité de calories extraites de l'alimentation.

Le Professeur Gordon de Saint-Louis a découvert une protéine qu'il a nommée FIAF (*fasting induced adipose factor*), produite par des bactéries pathogènes, qui a les effets inverses de la leptine. La leptine, protéine sécrétée par la cellule graisseuse, a comme action de libérer la graisse de cette cellule et d'inhiber la sécrétion d'une hormone cérébrale (NPY) qui donne l'ordre de manger. Le FIAF, sécrété par des bactéries intestinales pathogènes, va donc empêcher la libération de la graisse et augmenter la sensation de faim.

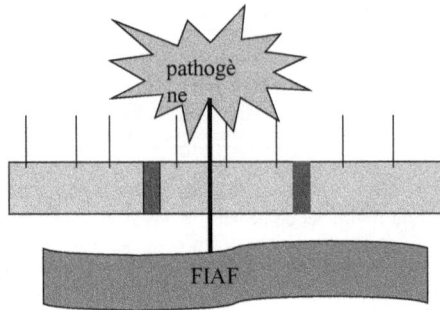

FIAF = Effet inverse de la leptine !

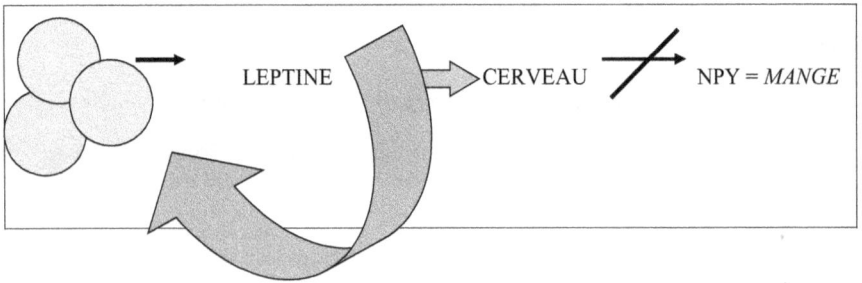

LEPTINE $\Rightarrow$ CERVEAU $\not\rightarrow$ NPY = *MANGE*

Le Professeur Gordon a séparé en 2 groupes, des souris de la même famille ; il a laissé les intestins stériles chez la moitié de ces souris, tandis qu'il a mis des pathogènes dans l'intestin de l'autre moitié. Il a constaté qu'ils ont un comportement alimentaire totalement différent et que leur poids, alors que leur alimentation est strictement la même, sera de 40% plus élevé chez les souris exposées aux pathogènes.

Le Professeur Nathalie Delzenne de l'UCL a récemment démontré le rôle essentiel de la flore intestinale dans le développement de l'obésité. Elle a prouvé que les souris obèses présentent une flore intestinale particulière, pauvre en bifidobactéries, pouvant perturber le rôle protecteur de l'intestin. Ceci est à l'origine d'une inflammation responsable de l'obésité. Elle est également parvenue à manipuler la flore des mêmes souris obèses en utilisant des prébiotiques (alimentation pour la flore) et est ainsi arrivée à leur faire perdre jusqu'à 20% de leur masse grasse.

Le Professeur Delzenne a trouvé bien d'autres liens entre la flore intestinale et notre propre organisme, et elle n'a pas fini de nous surprendre avec les résultats de ses recherches.

On ne peut certes pas comparer les souris aux êtres humains, et il serait tout aussi mal avisé de croire que les fibres alimentaires puissent parvenir à elles seules, à faire maigrir. Dans le même temps, on sait que les personnes obèses présentent une flore intestinale particulière et qu'il est possible de la modifier grâce à une alimentation bien choisie. L'affaire est donc à suivre…

Dans les faits, on peut concevoir qu'un régime alimentaire, qu'il soit hypocalorique ou hyperprotéiné, puisse conduire à une dysbiose intestinale suite au déséquilibre alimentaire provoqué pour déclencher la perte de poids (ingestion de trop de protéines et pas assez de sucres). Il serait donc intéressant de rééquilibrer la flore intestinale après tout régime, en favorisant la prise de probiotiques (bonnes bactéries dans les produits laitiers…) et de prébiotiques (nourriture des bonnes bactéries comme les fibres), ceci afin d'éviter une reprise de poids malgré le respect d'une bonne conduite alimentaire.

En conclusion :

Surveillez votre poids sans en faire une fixation ! Mettez toutes les armes de votre côté et n'hésitez pas à appeler à l'aide en cas de difficultés car, bien souvent, on peut avoir besoin d'un garde fou !

J'ai des compulsions sucrées

Les compulsions sucrées d'origine psychologique

Oh ! tu es tombé et tu as mal ! Viens mon chéri, je vais te donner un bonbon et tu verras que tu ne sentiras plus ton genou ensanglanté...

Qui n'a jamais eu envie de manger une petite douceur dans les minutes qui suivent un gros stress? C'est si bon pour le moral !

De retour à la maison, après une journée épuisante au bureau et avant d'endosser notre autre rôle de mère et d'épouse, on a toutes envie de se servir dans l'armoire contenant les en-cas de nos petits.

Comment ne pas terminer un repas par un petit dessert sucré qui clôture si bien notre dîner ?

Il est fréquent qu'on s'ennuie devant nos chaînes de télévision et qu'au moment de la pause publicité, on soit nous aussi tenté de prendre cette petite crème au chocolat qui nous fait de l'œil.

Voilà autant de situations où le sucre semble être une bonne solution à nos soucis et devient un câlin tant attendu !

On peut ici garder l'idée du câlin occasionnel, mais débarrassons-nous de celle de l'habitude !

L'hypoglycémie réactionnelle

Celle-ci survient lorsque le petit déjeuner est absent ou composé d'aliments à index glycémique élevé (pain blanc, confiture, chocolat à tartiner, céréales sucrées, croissants, café sucré, etc).

Dans les deux heures qui suivent survient alors une hypoglycémie accompagnée de fatigue et du besoin compulsif d'un en-cas sucré que l'on prendra souvent au distributeur au bureau.

Arrive ensuite le repas de midi, lors duquel on mange à la hâte ce qu'on peut trouver! Un sandwich, un repas pris au fast food, les restes de la veille ingurgités devant l'ordinateur, ou une petite restauration entre copains. Parfois on mange seulement une petite salade pour perdre ces quelques kilos qui nous empoisonnent la vie et qui nous obligent à porter la chemise au-dessus du pantalon ou un long pull noir.

Une nouvelle hypoglycémie surviendra à son tour vers 16 heures, pile au moment où le distributeur d'en-cas nous refait un clin d'œil. Certaines femmes vont pour leur part craquer avec leurs enfants qui, au retour de l'école, préfèrent souvent une tartine au chocolat pour goûter, plutôt que le fruit gentiment proposé par leur maman.

Le repas du soir, enfin, se prépare dans l'urgence, par manque de temps, ou parfois aussi par faim ou pour faire plaisir à toute la famille. Mais trop souvent, ce repas ne nous rassasie pas, ou au contraire on mange peu car on a plus vraiment faim à cette heure-là.

Une dernière hypoglycémie survient alors dans la soirée et conduit à la reprise d'un aliment sucré juste avant de se mettre au lit, pour pouvoir s'endormir.
Toute cette journée mal structurée conduit à une grande fatigue, couplée à une prise de poids insidieuse. En effet on maintient le taux d'insuline élevé et, comme cette hormone est l'hormone de stockage, on met constamment en réserve, dans nos cellules graisseuses, les glucides et les lipides associés.

Le rôle des hormones cérébrales

La sensation de faim résulte d'une diminution du taux sanguin de glucose, et non d'une hypoglycémie. Ce n'est donc pas un taux de sucre trop bas qui provoque la faim mais bien sa baisse !

Les signaux de faim, de rassasiement ou de satiété, sont liés aux aliments qui composent le repas, mais également aux hormones qui évaluent le stock de la masse grasse.

Le contrôle de la faim est ainsi perturbé par :

⇨   Les sucres rapides
⇨   Le manque d'oméga 3
⇨   Le manque de fibres qui gonflent dans l'estomac en présence d'eau
⇨   Les aliments transformés, notamment les faux sucres (édulcorants) et les colorants.

   Mais aussi par…

⇨   Le mauvais fonctionnement des transmetteurs cérébraux, notamment si on mange devant la télévision, dans une ambiance stressée, si on mange trop vite … !

Le cerveau communique des ordres, ou un message, par l'intermédiaire de neuromédiateurs. Ce sont des petits acides aminés transformés, qui servent à la communication du cerveau. Ces substances, en atteignant des récepteurs bien spécifiques, vont permettre la transmission du message. Ils seront d'autant plus actifs que les récepteurs sont composés d'acides gras oméga 3 et de peu d'acides gras saturés.

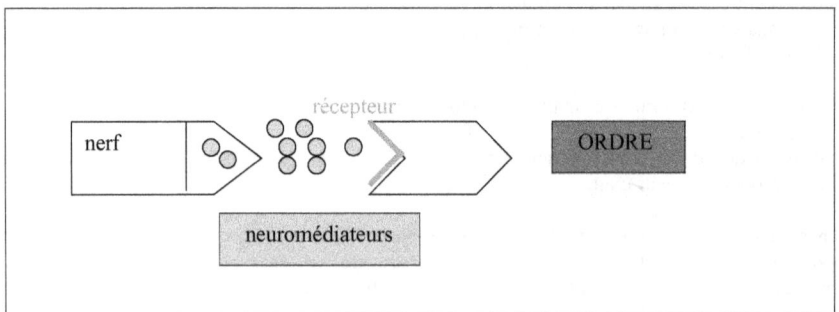

La sérotonine est un neuromédiateur qui inhibe la faim et qui calme. Il est produit par la transformation d' acides aminés, dont le tryptophane, qui passent du sang vers le cerveau. Grâce au magnésium, au fer et aux vitamines B6 et B9 ce tryptophane devient de la sérotonine. Il faut donc du tryptophane (que l'on retrouve notamment dans les produits laitiers), du fer (manquant chez beaucoup de jeunes femmes) et du magnésium (manquant chez les personnes stressées) pour avoir une bonne sécrétion de sérotonine.

D'autres acides aminés dont la tyrosine, la phénylalanine… passent, aussi, du sang au cerveau et se transforment en noradrénaline et en adrénaline (neuromédiateurs du stress et de la faim). Il faut un bon équilibre entre la production de sérotonine et d'adrénaline pour être en harmonie. Tout comme dans une voiture, il y a un frein et un accélérateur, dans notre cerveau on a des hormones calmantes et des hormones stimulantes. On peut attirer ces autres acides aminés dans les muscles grâce à un peu de sucre, ce qui augmentera la pénétration du tryptophane dans le cerveau et donc la production de sérotonine aussi appelée hormone du bien-être !

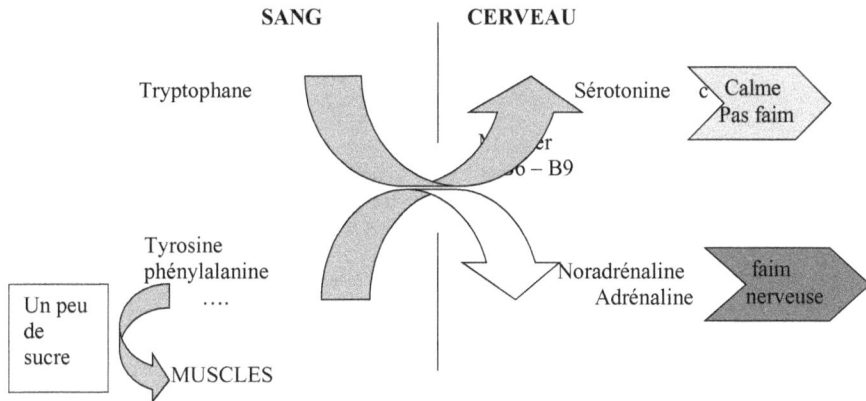

Le NPY : C'est un neurotransmetteur cérébral très important, dont le rôle est de stimuler la faim. Il est influencé par l'insuline sanguine, par la leptine (cf. ci-après) et… par les heures de sommeil. Les petits dormeurs ont ainsi davantage de risque d'avoir faim que les marmottes !

De très nombreux autres neurotransmetteurs interviennent dans le contrôle de la faim.

Le rôle des hormones graisseuses :

- **La leptine** : est une hormone sécrétée par la cellule graisseuse, et dont le taux est proportionnel à la taille de cette cellule. Plus l'adipocyte est chargé en graisse, plus le taux sanguin de leptine est élevé.
  Elle inhibe le NPY et donc inhibe la sensation de faim.
  Elle stimule également la libération de la graisse afin qu'elle quitte sa réserve.

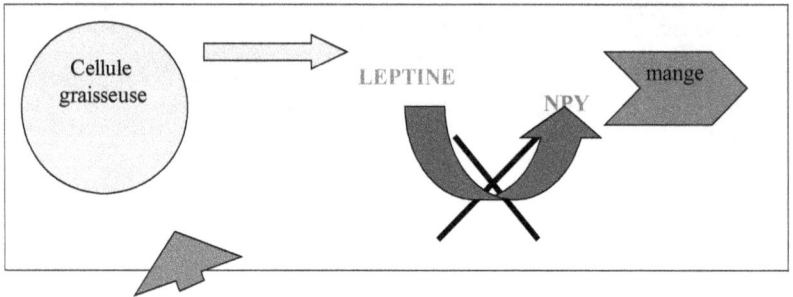

Certaines personnes obèses ont un taux de leptine sanguin très élevé, mais ont une résistance à celle-ci à cause de récepteurs absents génétiquement ou déficients. Ils sont donc condamnés à une faim constante, et ont de grosses difficultés à libérer leur réserve de graisse.

Chez les autres personnes, il importe de respecter certaines règles pour éviter la leptino-résistance, et notamment :
- ne pas sauter de repas,
- ne pas attendre d'avoir faim pour prendre un repas,
- manger à heures plus ou moins régulières,
- éviter les dérapages alimentaires répétés,
- faire du sport.

- **L'adiponectine** : est une hormone produite par le tissu graisseux dont le taux diminue au fur et à mesure que les graisses augmentent. Elle est donc l'opposée de la leptine !
  Elle protège les vaisseaux, le foie, le pancréas , les vaisseaux, les muscles... de dépôts graisseux anormaux, en favorisant la croissance de la cellule graisseuse et donc le stockage des graisses.

- **De nombreuses autres hormones** sont sécrétées par les cellules graisseuses qui forment un véritable organe endocrine, au même titre que le pancréas ou la thyroïde !

Le Candida Albicans

Il s'agit de levures rencontrées dans l'intestin humain qui se nourrissent de glucides à IG élevé et qui, en bourgeonnant, envoient des toxines dans le sang.

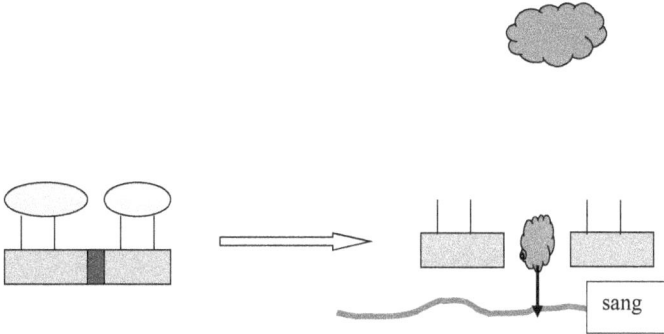

Ces toxines vont être responsables de symptômes variés comme : douleurs coliques, constipation, diarrhée, insomnies, pertes de mémoire, fatigue, humeur fluctuante, prurit, acné, psoriasis, eczéma, infection chronique, arthralgie, lombalgie, tendinite, …

Mais on retrouve surtout lors d'une candidose, une attirance irrépressible pour les sucres !!!

En conclusion....

Malgré tout ce système de contrôle de la faim, les sucreries se mangent généralement plus par envie que par faim !

Je suis stressé

Maladie de notre siècle, le stress fait des ravages. Il est aussi bien présent chez les enfants que l'on presse sans arrêt « dépêchez-vous, on va être en retard ! à table et vite ! » que chez les personnes âgées. Les vacances sont indispensables et les premiers jours ne se passent pas toujours bien, tellement on y arrive épuisé. Le retour est une période de bonnes résolutions, mais les habitudes reprennent vite leur place ! On n'est plus maître de sa vie, on subit et le stress nous envahit en faisant de gros dégâts.

Le stress est une réaction psychologique et physiologique du corps face à une situation nouvelle, bonne ou mauvaise, qui demande une adaptation. Lorsque la stimulation devient trop forte ou trop répétitive, les capacités de gestion de l'organisme sont rapidement débordées et le stress devient néfaste. Il faut alors trouver des solutions afin d'éviter les conséquences néfastes sur la santé : le sport, le massage, les hobbies, la détente, le travail sur soi- même et la nutrition sont autant de moyens qui sont à notre disposition .

La glande surrénale

La glande surrénale est l'organe du stress par excellence. Cette petite glande se situe au-dessus du rein et est divisée en deux régions : une région périphérique qu'on appelle « corticosurrénale » et une région interne nommée « médullosurrénale ».

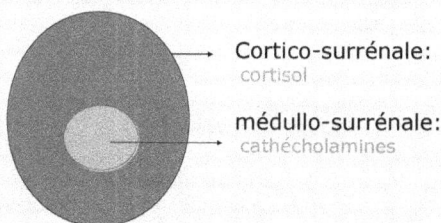

Petite glande au-dessus du rein et organe du stress

Cortico-surrénale:
cortisol

médullo-surrénale:
cathécholamines

La médullosurrénale :

Cette partie de la glande surrénale sécrète les catécholamines, soit l'adrénaline et la noradrénaline, qui sont les hormones du stress immédiat (j'ai un coup de frayeur et je vais sécrèter de l'adrénaline et de la noradrénaline).

Ces hormones ont une fonction activatrice ou inhibitrice en fonction du récepteur sur lequel elles vont s'accrocher. Elles vont provoquer un déséquilibre des pompes à sodium de la membrane cellulaire, ce qui signifie que le sodium et le calcium vont pénétrer les cellules et vont en chasser le magnésium que l'on perdra par voie urinaire. Le sodium, en excès dans la cellule, va être responsable d'une rétention d'eau, et le calcium provoquera, entre autre, des contractions musculaires. Le manque de magnésium va provoquer d'importants problèmes, notamment au niveau du fonctionnement de certains médiateurs cérébraux avec chute de la production de sérotonine (l'hormone du bien-être), ce qui conduit au cercle vicieux du stress.

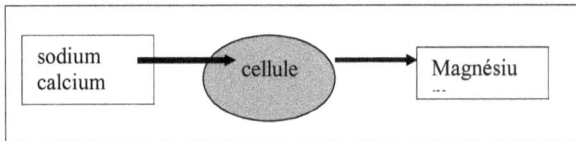

La corticosurrénale :

Cette partie de la glande sécrète le cortisol ou hormone de défense, permettant de combattre le stress chronique.

Le cortisol va ainsi protéger l'organisme lors d'un stress chronique, mais il abîmera dans le même temps différents organes. Il a un effet inhibiteur sur :

- la leptine sécrétée par les cellules graisseuses –ce qui donne lieu à une sensation de faim
- la lipolyse (destruction de la graisse), ce qui favorise la prise de poids
- l'insuline, ce qui conduit, entre autre, à de la fatigue
- la sérotonine, ce qui peut amener à la dépression
- l'hormone de croissance, ce qui provoque une perte musculaire
- les hormones thyroïdiennes, ce qui conduit à une diminution du métabolisme de base (voir chapitre je suis sportif).

L'intestin

Le stress influence également notre système digestif.

Nous avons vu que toute notre alimentation passe par les différentes étapes du système digestif pour être assimilé. D'abord la mastication et la salive dans notre bouche, ensuite l'acide gastrique dans l'estomac, puis le pancréas et la bile dans le duodénum, et enfin l'intestin.

Or le stress entraîne une prise alimentaire rapide qui favorise la prise de poids. On a constaté qu'un repas pris en cinq minutes amenait 70 Kcal de plus que le même repas pris en 20 min. On imagine donc le nombre de kilos pris à la fin de l'année par le simple fait de manger sur le pouce (9 kilos en un an) ! Pour ralentir le temps du repas, pourquoi ne pas essayer de manger avec des baguettes plutôt qu'avec des couverts ou de laisser tomber le couteau et ne manger qu'avec une fourchette? Quand l'habitude de manger lentement sera revenue, on gardera facilement le bon rythme.

Le stress et le repas mangé en vitesse conduisent en effet à une mastication inefficace avec une mauvaise sécrétion des enzymes salivaires.
Les hormones surrénaliennes constamment sécrétées conduisent à des contractions digestives mal régulées avec une sécrétion constante d'enzymes digestives.
Tout cela provoque un manque ou un épuisement des enzymes digestives. Les aliments mal préparés arrivent dans l'intestin où ils agressent la barrière et entraînent une dysbiose (déséquilibre de la flore). S'en suit un LGS (petites fentes entre les cellules intestinales) responsable du passage, sans contrôle, de molécules toxiques comme polluants, pesticides, virus, microbes, aliments mal digérés….

On a stressé des souris de laboratoire, tout en leur donnant la même alimentation que d'autres souris non stressées ; on a ainsi constaté que les première ont pris deux fois plus de poids et sont tombées malades !

Le stress oxydatif

On parle de stress oxydatif quand il y a déséquilibre entre les radicaux libres provenant en partie du stress et les systèmes de défense (trop de feu et pas assez de pompiers). Il est très important de combattre le stress oxydatif qui est à l'origine de dysfonctionnements cellulaires responsables de nombreuses maladies dont l'athérosclérose, le diabète, le cancer, le vieillissement, les inflammations…. Il faut veiller à avoir un bon équilibre entre les attaquants venant du stress et les défenseurs que l'on trouve en grande quantité dans les fruits et les légumes.

Les neuromédiateurs cérébraux

Nous avons vu dans le chapitre sur les compulsions sucrées que le stress peut également perturber la production de sérotonine. Pour produire l'hormone du bien-être, il faut avoir un taux suffisant de magnésium qui diminue rapidement lors d'un stress par l'effet des hormones surrénaliennes sur les membranes cellulaires.

Quelle est la bonne alimentation en cas de stress ?

Pour soutenir la production de cortisol :

- Evitez les sucreries, les céréales raffinées, les graisses saturées et les grignotages
- Mangez à heures fixes, et lentement !
- Buvez deux litres par jour d'une eau riche en magnésium (Hépar, contrex)
- Faites du sport et apprenez à gérer votre stress (massage, yoga, passion, thérapie…)

Pour préserver l'intestin :

-       Consommez des probiotiques (les bons microbes qui protègent la muqueuse intestinale) qu'on rencontre dans les yaourts et les fromages
-       Prenez également des prébiotiques (ou nourriture des bons microbes) qu'on trouve dans les céréales complètes, le miel, les fruits, les fruits secs, les légumes et les légumineuses.

Pour lutter contre le stress oxydatif:

Absorbez au minimum 4-5 portions de fruits et légumes par jour, et buvez du thé vert et un verre de vin rouge par jour.

Pour protéger les neuromédiateurs cérébraux :

-       Puisez les oméga 3 dans du poisson, de l'huile de colza, de la viande d'animaux nourris aux graines de lin ou quelques noisettes ;
-       Trouvez du tryptophane en consommant des produits laitiers, des légumineuses, des noix de cajou et des protéines animales ;
-       Maintenez votre apport en magnésium en prenant des légumes secs, des fruits secs, des légumes verts, des eaux minérales (Contrex, Hépar) et du chocolat noir (pris à midi afin d'éviter ses effets néfastes sur la silhouette).

Le stress est l'ennemi des temps modernes. A chacun de trouver les bonnes armes car on ne peut terrasser ce guerrier-là par la simple force de nos poings !

Je suis ménopausée

La ménopause n'est ni une maladie, ni le début de la vieillesse, ni la fin de la féminité, c'est un état d'être, une autre période qui commence ! Que la femme est belle à ce moment de vie, avec ses rides signes de rires, avec sa sagesse et sa philosophie, avec son vécu et ses histoires mais …

Dans le même temps, la ménopause engendre certains risques pour la santé, qu'il importe de prévenir. L'arrêt de l'activité ovarienne, qui caractérise la ménopause, s'accompagne en effet d'une carence hormonale à l'origine de nombreux troubles, rendant ce cap difficile à franchir pour de nombreuses femmes.

L'arrêt de la sécrétion d'hormones ovariennes chez la femme ménopausée n'est pas brutal mais se fait en douceur, avec d'abord une diminution de la sécrétion de progestérone. Le déséquilibre entre les 2 hormones sexuelles féminines (les oestrogènes en excès par rapport à la progestérone) crée ce qu'on nomme la pré-ménopause. La femme se plaindra à se stade de cycles irréguliers, de bouffées de chaleur, de maux de tête, d'irritabilité, d'insomnies, de douleurs articulaires, de tension dans les seins et de douleurs abdominales. La ménopause survient ensuite, suite à l'arrêt de la sécrétion d'œstrogènes d'origine ovarienne. Il n'y a alors plus de règles et une prise de sang confirmera le diagnostic.

A la ménopause, la production d'œstrogènes diminue donc considérablement. Lorsque les ovaires cessent de produire cette hormone, d'autres glandes et cellules tentent de combler ce manque. Ce sont <u>les cellules graisseuses</u> qui deviennent le principal organe de production des oestrogènes (oestradiol-oestrone-oestriol) et ce, à partir du cholestérol qu'on transforme en androgènes (hormones masculines) dans les surrénales et les ovaires.

OVAIRES   MENOPAUSE

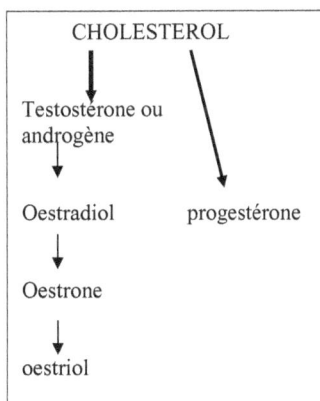

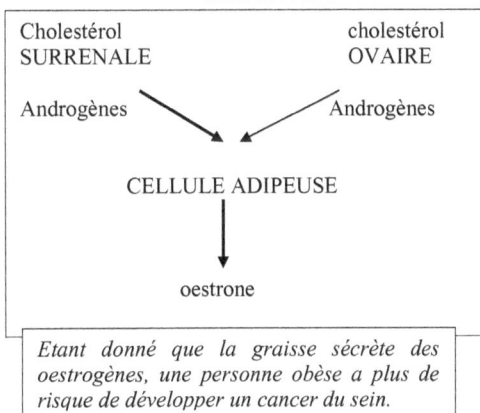

Etant donné que la graisse sécrète des oestrogènes, une personne obèse a plus de risque de développer un cancer du sein.

Les complications liées à la ménopause :

- La prise de poids

La femme devra réajuster ses besoins alimentaires lors de la ménopause. Les perturbations hormonales requièrent en effet une augmentation des dépenses et un meilleur contrôle des entrées. Suite à la chute d'œstrogènes, les graisses ne sont plus stockées sur les hanches ou les cuisses mais sur l'abdomen. Le remplacement des protéines animales par des protéines de soja entraîne une perte de poids. Le sport est dès lors également indispensable.

- L'ostéoporose

L'ostéoporose désigne la diminution progressive de la trame osseuse avec risque de fractures associées. Elle touche un tiers des femmes après 50 ans. La carence en œstrogènes favorise en effet la destruction de l'os qui prend le pas sur sa reconstruction car l'os est un tissu vivant qui a besoin de protéines et de calcium. Le squelette se met donc à fondre si on est sédentaire, si on fume ou si on n'absorbe pas assez de calcium et de vitamine D. Un excès de sel est aussi un des facteurs accentuant l'ostéoporose.

- Les risques cardio-vasculaires

Suite à la chute des œstrogènes, le risque de problèmes cardio-vasculaires tend à rejoindre celui des hommes et il semble que la thérapie hormonale de substitution ne semble pas exercer ici de rôle protecteur contre ce risque. L'arrêt de règles provoque une augmentation du taux de fer dans le sang. Il semble judicieux de ralentir toute source de fer car il est pro-oxydant et augmente donc le stress oxydatif avec le risque de voir apparaître les problèmes cardiaques et vasculaires. Ceci confirme l'importance d'une alimentation bien surveillée, qui se base sur la réduction des acides gras saturés et du cholestérol alimentaire, tout en donnant la priorité aux aliments contenant des omégas 3. Les phyto-oestrogènes sont source de très puissants antioxydants capables de contrer l'oxydation des graisses.

- Le risque de développer un cancer

Au cours de la ménopause, la femme s'expose tout particulièrement au risque de voir survenir un cancer du sein et de l'endomètre.

Le cancer du sein serait, en partie, provoqué par un déséquilibre de la flore intestinale. En effet les oestrogènes pris sous forme de compléments (hormones de substitution) ou sécrétés par les cellules graisseuses sont éliminés par le foie et, une fois dans le colon, certaines bactéries de putréfaction provoquent leur réabsorption avec une remise en circulation. Cela augmente donc le pool d'œstrogènes avec un risque associé de cancer du sein. Or on sait qu'une flore de putréfaction excessive survient lors d'une alimentation trop grasse ou trop protéinée ! La prise de phyto-oestrogènes semble avoir un excellent effet protecteur. Ils agissent comme des oestrogènes sur un récepteur spécial et interfèrent ainsi avec nos oestrogènes en les empêchant de se lier à ce récepteur et en réduisant ainsi leurs effets.

L'obésité ou simplement le surpoids sont par ailleurs à combattre activement à la ménopause, car la graisse sécrète des oestrogènes qui peuvent engendrer un cancer en cas de prédisposition génétique.

Les autres troubles fonctionnels

La ménopause tend par ailleurs à s'accompagner des divers symptômes suivants :
- bouffées de chaleur ;
- troubles neuropsychiques (insomnie, fatigue, irritabilité, dépression, céphalées…),
- troubles uro-génitaux (baisse de libido, douleurs lors des rapports, infection urinaire, incontinence),
- vieillissement de la peau.

Les phyto-oestrogènes miment l'effet des oestrogènes et, bien que moins puissants, ils réduisent les désagréments de la ménopause.

Les hormones de substitution (oestrogènes et progestérone) sont souvent prescrites pour diminuer tous ces effets secondaires, mais elles doivent être strictement encadrées. En effet, il est important de personnaliser la substitution en fonction des plaintes, et par ailleurs d'arrêter le traitement au terme de 7 ans (certains médecins préconisent une durée maximale de 5 ans). Le traitement hormonal sera par ailleurs à déconseiller chez les femmes en surpoids ou à risque. Enfin, les études constatent que l'ostéoporose semble diminuer au cours de la première année de prise d'hormones de substitution, mais que celles-ci n'ont plus d'effet protecteur après cette durée.

Les conseils nutritionnels pour la femme ménopausée

La femme ménopausée veillera tout d'abord à respecter une bonne hygiène de vie qui comporte :

- la pratique d'un sport (30 minutes de marche chaque jour suffisent)

- des moments de détente ou des activités axées sur la gestion du stress

- l'absence de tabac

- La prise d'antioxydants (voir le chapitre sur le stress oxydatif) et le respect de l'équilibre acido-basique

- La prudence dans la prise de fer, d'acides gras saturés, de cholestérol

- La prise de calcium sous forme de produits laitiers, d'amandes, de graines de sésame, d'eaux alcalines de type Contrex ou Hépar, de fruits secs, d'algues, etc. Le lait de vache n'est en revanche pas conseillé comme source de calcium, auquel on privilégiera les fromages -surtout ceux à pâte dure qui sont plus gras mais plus riches en calcium. On notera enfin que l'absorption du calcium est contre-carrée par l'alcool, par le café et par les glucides ! Donc, mesdames, attention aux desserts!

- L'apport en <u>vitamine D</u> : celle-ci est en effet essentielle à l'absorption du calcium et prévient l'évolution du cancer. On la puise dans les poissons gras, dans le jaune d'œuf, et via l'exposition au soleil (30 minutes, sans crème solaire, dès que c'est possible).

- Les <u>phytoestrogènes</u> tels que :

  o Les *isoflavones* : contenus dans les légumineuses (pois chiches, haricots, fèves, lentilles), le soja, le tofu, les agrumes, les oignons, le thé, la bière, le vin et l'huile d'olive ;
  o les *lignanes* : qui composent les graines des céréales complètes, les graines de lin, les fruits à noyaux, les carottes et le fenouil ;
  o les *coumestanes* : qu'on retrouve dans les graines germées. Celles-ci peuvent être cultivées à partir de toutes les plantes comestibles ; il suffit de déposer quelques graines dans de l'eau, de les y laisser quelques heures puis de les rincer ; après quelques jours de cette culture, elles germent. On peut aussi mettre les graines dans du terreau et recueillir les jeunes pousses. On trouve de plus en plus de germes et de jeunes pousses dans le rayon frais des grandes surfaces. Cependant, pour avoir un apport nutritionnel intéressant, il faudrait en consommer de très grandes quantités.

Les phytoestrogènes sont des hormones végétales qui miment les effets des oestrogènes. Ils agissent sur un récepteur spécial et empêchent les oestrogènes de s'y fixer, ce qui provoque une diminution de leurs effets ; ils sont donc très intéressants dans la prévention du cancer du sein de la femme qui sécrète des oestrogènes (non ménopausée ou obèse). Ce sont de puissants antioxydants et anti-cancer ! Les compléments à base de soja doivent être utilisés de façon prudente chez les femmes qui ont, ou ont eu, un cancer du sein ainsi que chez les femmes enceintes de part leur action semblable à celle des oestrogènes.

Le soja permet de réduire le poids, d'améliorer la glycémie, de protéger cœur et vaisseaux, d'apporter du magnésium et de contenir des phyto-oestrogènes.

On soulignera enfin que, pour que les phyto-oestrogènes puissent pénétrer dans notre organisme, ils doivent être préalablement transformés par les bactéries intestinales. Il est donc essentiel de maintenir une bonne flore intestinale lors de la ménopause.

La ménopause est donc une étape de notre vie de femme que nous pouvons passer avec beaucoup de sérénité si on respecte notre corps. Il ne faut pas vouloir rajeunir mais il faut éviter de se laisser aller pour continuer à se plaire.

Je suis sportif

Le sport est incontournable quand on désire rester bien dans sa peau et dans sa tête. Prendre du temps pour soi, se dépasser, s'améliorer, se déstresser … Comme toujours, un excès de sport n'est pas à conseiller ; il faut en faire quelques heures par semaine sans exagérer et tenir à long terme. Ne pas faire de « yo-yo » sportif !

La médecine désigne par « **métabolisme de base** » le nombre de calories nécessaires pour maintenir notre corps au repos. Tandis que nous dormons, nos poumons, notre foie, nos reins, notre cœur, notre cerveau, nos muscles, … notamment, travaillent et utilisent des calories. Quantitativement, le métabolisme de base représente ainsi, avec le maintien de notre température corporelle, plus de 80% des calories dont notre corps a besoin quotidiennement.

La dépense énergétique au repos (métabolisme de base) varie en fonction de la morphologie, des gènes, de l'âge, des hormones et de la masse musculaire de chacun. Le sport permet d'augmenter la masse musculaire et donc d'augmenter le nombre de calories brûlées au repos.

Le sport fait brûler des **calories** et nous permet de pouvoir manger plus et donc d'assimiler davantage de nutriments pour notre corps. On diminue ainsi le risque de prise de poids et on améliore sa qualité de vie, tout en étant moins fatigué.

Lors de tout effort sportif, notre organisme utilise d'abord le sucre sanguin, puis il puise le glycogène (la réserve de sucre stockée dans le foie et les muscles) et enfin il transforme les acides gras stockés dans les cellules graisseuses, en glucose. Si on désire perdre de la graisse, il faut donc pratiquer une activité sportive durant au moins 30 minutes avec un rythme cardiaque de 140 pulsations /minute.

Les muscles sont composés de **fibres** blanches à contraction rapide pauvres en glycogène (réserve de glucose) et de fibres rouges à contraction lente intervenant lors d'efforts d'endurance qui sont très riches en récepteurs insuliniques et donc en glycogène.
A partir de 30 ans, les fibres rouges diminuent, ce qui conduit à une augmentation de la graisse de réserve, car le sucre ingéré ne peut se transformer en glycogène que dans les fibres rouges, qui sont les seules à posséder des récepteurs d'insuline.

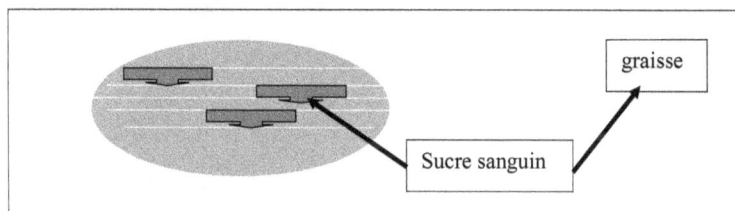

graisse

Sucre sanguin

Le sport est donc indispensable non seulement pour augmenter les dépenses caloriques, mais aussi surtout pour maintenir la masse de fibres musculaires rouges.

Le sport est également indispensable en **médecine préventive**. Il est en effet, prouvé que 30 minutes de marche rapide pratiquée quotidiennement diminuent de 50% les risques de rechute de cancer du sein en particulier, et atténuent de manière générale les risques de cancer, de diabète et de maladies cardio-vasculaires. C'est d'ailleurs la meilleure façon d'augmenter le bon cholestérol (HDL). Le sport est aussi très indiqué chez les personnes souffrant d'un syndrome métabolique, il permet de réduire la sécrétion des hormones inflammatoires provenant de la graisse (dont le TNF α) et de contrer ainsi les risques encourus par cette inflammation à bas bruit. C'est enfin, un excellent moyen de réduire son stress et les conséquences que celui-ci engendre sur la santé.

Dans le même temps, les grands sportifs s'exposent à des risques de santé par un stress oxydatif augmenté et par une acidose métabolique (production d'acide par le muscle pas toujours bien oxygéné) ; d'où l'importance de respecter des règles alimentaires spécifiques à leur activité.

La nutrition du sportif :

De nombreux sportifs considèrent l'alimentation comme un moyen d'améliorer leurs performances, plutôt qu'un atout indispensable pour préserver leur forme et leur santé générale, ce qui peut engendrer un déséquilibre alimentaire et la prise de compléments peu judicieux.

Les erreurs les plus souvent rencontrées sont :

- Un apport excessif de sucres à fort index glycémique, conduisant à des grignotages et à des hypoglycémies
- Une consommation trop élevée de protéines supposées augmenter la masse musculaire alors qu'elles n'ont plus d'effets au delà d'un certain seuil et peuvent même être toxiques
- Un apport insuffisant et peu qualitatif en graisses, avec des carences conséquentes en vitamines A, D, E, et K, indispensables pour combattre, entre autres, le stress oxydatif
- Une consommation trop faible en fruits et en légumes qui sont sources de fibres et d'antioxydants.
- Une prise anarchique de compléments en vitamines et en minéraux qui peuvent avoir des risques sur la santé, leur manque occasionnant autant de problèmes que leur apport excessif. Une surveillance des taux de fer, calcium, sodium, magnésium, potassium est à cet égard recommandée.

L'alimentation conseillée lors de l'entraînement

Le nombre de calories à absorber chaque jour varie d'une personne à l'autre et dépend par ailleurs du type de sport et de la fréquence de sa pratique.

En phase d'entraînement, il est recommandé de :

o   boire au réveil 300 ml d'une eau de bouteille riche en minéraux (type Hépar ou Contrex),
o   boire tous les quarts d'heure,
o   ne pas consommer de sucre à index glycémique élevé,
o   veiller à une alimentation bien équilibrée qualitativement, ce qui améliorera la performance.

Lorsque le sport pratiqué est intense, il faut conseiller au sportif des collations proches du petit déjeuner, comportant fruits, céréales et produits laitiers pour qu'il puisse ainsi augmenter progressivement le nombre de calories sur la journée.

Pour les sportifs de haut niveau, il est fréquent de conseiller une alimentation sans glucides 5 jours avant la compétition (composée uniquement de protéines animales, de fruits et de légumes) et de les réintroduire en grande quantité 24 h avant la compétition (pâtes, légumes, biscuits, fruits ou pâtes de fuit).

Exemple de journée type :

√   Au petit déjeuner:
  - boire du jus de fruit sucré et du thé préparé avec de l'eau minéralisée
  - consommer des fruits secs, du pain complet et de la confiture
  - compléter par 2 yaourts ou 100g de fromage blanc ou 30g de gruyère
  - si l'exercice dure plus de 90 minutes : on ajoutera une banane et des flocons d'avoine.

√   Au déjeuner:

Prendre un repas relativement copieux composé de :
  - crudités assaisonnées d'huile de noix ou de colza
  - un poisson gras ou de la viande rouge (4 fois par semaine): de 200 à 250 g
  - des céréales complètes
  - des légumes verts cuits avec un peu d'huile d'olive
  - un yaourt et un fruit.

√   Au dîner :

Privilégier un repas relativement léger et de plus petite quantité :
  - pauvre en fibres et en graisses
  - composé de viande, de légumes cuits et de céréales complètes
  - 1 verre de vin maximum
Eviter les épices, le café et le thé.

L'alimentation le jour de l'épreuve

Il est important de manger 3 heures avant un effort sportif et de ne surtout plus rien manger ensuite, excepté des fruits secs ou des pâtes de fruit, car l'afflux de sang pour digérer se fera au détriment de celui des muscles avec un mauvais rendement musculaire. On peut cependant boire des petites rations d'eau sucrée.

Pendant l'effort, à nouveau, il est important de bien s'hydrater en buvant de l'eau avec du miel, du saccharose ou des boissons d'effort.

L'alimentation en phase de récupération

Les sportifs doivent veiller à refaire leur réserve de glycogène musculaire (la réserve de sucre ne pouvant être utilisée que par les muscles) car celle-ci contribue à leur performance. Sans une grande quantité de glycogène, le sportif sera plus vite épuisé et risquera donc de se blesser. Ils doivent consommer des glucides à fort index glycémique après l'épreuve sportive surtout si celle-ci a été de longue durée et de forte intensité.

Il est conseillé :

- *Juste après l'effort sportif* : de boire beaucoup et par petites gorgées, des boissons alcalines (de type Saint-Yorre/ Vichy) ;
- *30 minutes après l'effort*: de consommer des glucides sous forme de fruits secs et de pain d'épices ;
- *Une heure après l'effort* : de manger des lentilles et des féculents ainsi que des légumes ;
- *Dans les deux à trois heures suivantes* : manger des protéines animales pour réparer les lésions musculaires et compenser les pertes de fer, tout en les complétant par beaucoup de légumes et des fruits et des produits laitiers en guise de dessert.

Ne pas respecter les règles d'une alimentation équilibrée lorsqu'on pratique du sport est imprudent et peut être comparé à faire les 20 km de Bruxelles en hauts talons !

Je suis végétarien

Le végétarisme est un « mode alimentaire » qui accorde une grande place aux produits issus du règne végétal : légumes, fruits, céréales, légumineuses, noix et graines. Les aliments d'origine animale tels que les produits laitiers, œufs et poissons sont le plus souvent acceptés. Une alimentation totalement dépourvue de ces derniers est appelée végétalisme. Cette seconde approche est à adopter avec précaution, car elle peut occasionner de nombreuses carences.

Plusieurs motifs peuvent mener à ces choix alimentaires, qu'ils soient d'ordre religieux ou personnels, par souci d'écologie ou de santé. On constate en effet moins de cas de maladies cardio-vasculaires, d'obésité, de diabète et de cancers chez les adeptes du végétarisme. Ceci s'explique par le fait que l'alimentation végétarienne fournit davantage d'antioxydants et de fibres, tout en étant moins riche en cholestérol et en graisses saturées.

Une alimentation végétarienne peu diversifiée risque néanmoins d'occasionner diverses carences, et il est donc essentiel de respecter certaines règles de base pour les éviter.

Les fruits et les légumes

Ils sont la base de l'alimentation végétarienne mais bien trop souvent les jeunes végétariens n'en sont pas conscients et préfèrent du pain avec du fromage au lieu de se préparer des salades, des soupes, des jus de fruit, des fruits ou des compotes. Que ce soit par soucis de temps ou par soucis économique, cette erreur risque de créer de grandes carences.

Il importe par ailleurs de varier la source et la couleur des fruits et légumes qu'on consomme, et d'en prévoir le plus possible à chaque repas.

Les protéines végétales

Les protéines végétales ne peuvent pas se suffire à elles-mêmes, il faut donc les associer à un apport minimum de protéines animales. On peut comparer cette situation à l'orthographe : les voyelles seules ne permettent pas d'écrire des mots !

Il faut donc complémentariser les différentes sources d'acides aminés, soit par exemple :
-       combiner des céréales avec:

      o   des œufs, du poisson, des crustacés, de la volaille
      o   des produits laitiers ou du lait de soja enrichi en calcium
      o   des légumineuses
      o   du tofu, du tempeh, du quorn
      o   des fruits secs.

-    combiner des légumineuses avec :

o   des fruits secs
o   des céréales complètes.

Les produits laitiers

On conseille généralement de manger au moins trois rations par jour de produits laitiers, tout en favorisant les produits les moins gras possible.

On se rappellera ici que les fromages à pâte dure sont plus riches en graisse mais aussi en calcium.

On notera par ailleurs que le lait de chèvre, moins riche en vitamine B12, est moins approprié aux végétariens que les autres sources de lait.

En cas d'intolérance aux produits laitiers, on pourra consommer des produits à base de lait de soja enrichi en calcium.

Les poissons

Les poissons sont particulièrement conseillés en raison du fait qu'il fournissent l'apport recommandé en acides gras oméga 3, que l'on retrouve en moins grandes quantités dans les oléagineux (amande, noix de cajou, noix, noisettes, graines de sésame et de tournesol), ou dans les germes de blé, les algues, les légumes verts et les huiles (de noix/ lin/ colza).
De plus, ils sont source de bonnes protéines, de fer et de vitamine B 12.

Comment pallier aux carences éventuelles?

Etant donné que le régime végétarien bannit les viandes, il apporte peu de **graisses**, qui sont pourtant nécessaires au bon fonctionnement de nos cellules. Il est donc important de cuisiner avec des matières grasses telles que l'huile d'olive (riche en vitamine E), de mettre du beurre sur le pain et de penser à assaisonner les salades avec de l'huile de colza.

Pour éviter une carence en **fer** très fréquente lorsqu'on ne consomme aucun produit animal, les végétariens doivent par ailleurs veiller à consommer régulièrement des lentilles, du persil, des graines de sésame, des dattes et des noix. Ils veilleront par ailleurs à terminer leur repas avec des agrumes (oranges, pamplemousses…) ou des kiwis, la vitamine C contenue dans ces fruits favorisant l'absorption du fer par l'intestin.

Enfin, afin de contrer une carence possible en **vitamine B12**, dont la viande est la source la plus riche, on veillera à consommer, chaque jour, des produits laitiers. On notera que les algues ou les produits à base de soja, bien qu'également riches en vitamine B12, ne constituent pas ici des sources alternatives valables du fait de leur mauvaise absorption intestinale.

Il semble que les végétariens qui respectent bien les règles d'associations alimentaires visant à un apport équilibré, soient mieux protégés contre diverses maladies chroniques. Mais on ne peut attribuer cet état de fait à la seule absence de viande dans leur alimentation !

Et s'il s'agissait tout simplement d'une meilleure hygiène de vie globale ?

Je suis intolérant

Les intolérances alimentaires sont de plus en plus fréquentes et semblent être dues à une fragilisation de la muqueuse intestinale. Elles sont aussi peut-être en rapport avec la qualité de l'alimentation qui a été fort transformée ces dernières années. Tout aliment est en théorie susceptible de provoquer des intolérances. On pense notamment au lactose, au gluten, aux œufs, au soja, au poisson, aux fromages, aux additifs alimentaires, à certains fruits et légumes...

La barrière intestinale est très sensible à des facteurs tels que le stress, les mauvaises habitudes alimentaires (le manque de fibres, l'abus de sucreries), une mastication insuffisante, une constipation, des médicaments, l'excès de café ou d'alcool, les épices, une alimentation non variée, une alimentation trop altérée par l'industrie agroalimentaire, les régimes yo-yo, etc.

Les intolérances suscitent à leur tour des troubles divers comme la colopathie (des douleurs accompagnées d'un gonflement du ventre), une alternance de constipation et de diarrhée, l'eczéma, des douleurs articulaires, la fibromyalgie, des infections à répétition, des sinusites chroniques, des allergies, des migraines, de la fatigue, une prise de poids, des maladies auto-immunes...

Elles ne sont par ailleurs pas présentes à la naissance mais peuvent apparaître à tout âge.

Le mécanisme de l'intolérance alimentaire :

Les protéines doivent être scindées en acides aminés pour pouvoir pénétrer dans le sang via la cellule intestinale (l'*entérocyte*). En l'absence d'enzymes permettant cette scission ou en présence d'une muqueuse intestinale altérée, la protéine entre dans le sang, où elle sera considérée comme corps étranger ; il en résulte la production de soldats (les *Ig G*) qui défendront le corps contre l'envahisseur. Mais ces soldats déposent les protéines là où ils le peuvent, dans le foie, la peau, les articulations ... ce qui provoque des symptômes d'intolérance, qui sont variables d'une personne à l'autre.

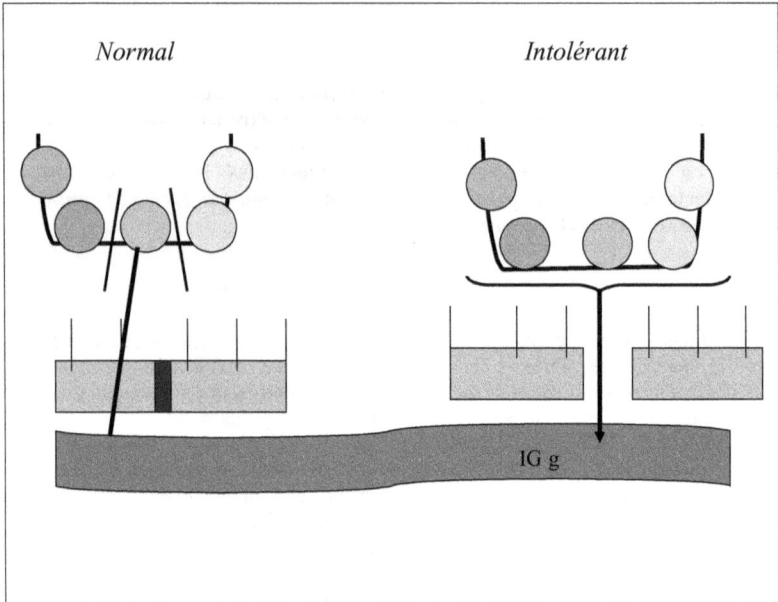

Normal   Intolérant

IG g

Les intolérances sont à distinguer des **allergies** alimentaires, qui impliquent des réactions immunologiques suite à un contact allergisant. Lorsqu'une personne mange du poisson et ressent, immédiatement après, des gonflements, de l'urticaire, une toux … on parle d'allergie immédiate à Ig E. Il faut alors éviter, à tout prix, tout contact avec le poisson car on s'expose au danger de troubles graves résultant du combat entre la substance attaquante (le poisson) et les mécanismes de défense (les Ig E).

En revanche, lorsqu'une personne mange du poisson et se plaint, entre autres, dans les heures qui suivent, de troubles digestifs, de fatigue, d'eczéma, d'infections chroniques, de migraines et de douleurs articulaires, on parlera d'**intolérance**, qui pourra se confirmer en dosant les Ig G dans le sang.

Les aliments vecteurs d'intolérances alimentaires

➤   *Le lactose :*

Ce type d'intolérance résulte d'une insuffisance en lactases au niveau des entérocytes. Les lactases sont des enzymes permettant au lactose (le sucre du lait) d'être scindé en glucose et en galactose. Cette intolérance peut être congénitale ou se développer progressivement chez l'adulte. L'insuffisance en lactases survient ainsi fréquemment avec l'âge et plus rapidement dans certaines populations que dans d'autres (les noirs de peau ont cette intolérance assez jeunes). On perd donc la capacité de fabriquer des ciseaux pour couper le lait et ses dérivés !

L'intolérance au lactose est une pathologie très fréquente qui doit être envisagée devant tout symptôme de ballonnements, de diarrhée chronique, de douleur abdominale et de gaz faisant suite à la consommation d'un produit lacté.

L'accumulation de lactose dans la lumière du tube digestif provoque une attraction d'eau (diarrhée) et l'utilisation du lactose par les bactéries coliques produit à son tour les gaz. Cependant certaines personnes ne se plaignent pas de troubles digestifs ; elles ne font pas le lien entre la prise de lait et leurs plaintes qui peuvent être aspécifiques comme une fatigue, une migraine ou une prise de poids injustifiée.

Les produits à éviter en cas d'intolérance au lactose sont tous les laits d'animaux et, dans une moindre mesure, le yaourt nature s'il est fabriqué avec du lait en poudre, les fromages fermentés, le cottage cheese, la ricotta, la glace, la crème, les puddings et les pains industriels.
Mais on retrouve surtout le lactose en grande quantité dans les laits d'animaux ! L'écrémage du lait ne modifie pas sa teneur en lactose car ce sucre se cache dans l'eau et non dans la graisse.
Dans les yaourts, le lactose est présent en quantité très réduite, du fait de sa transformation en acide lactique par les ferments.
En revanche, les fromages à pâte dure peuvent a priori être consommés sans problème car en plus de l'action des ferments, le fromage est égoutté et perd donc son eau.
On notera par ailleurs que le lactose se retrouve également dans les céréales, les charcuteries, les gratins de pomme de terre, les potages industriels, les crêpes et les pâtisseries. Il est donc important d'apprendre à lire les étiquettes, voire de pouvoir préparer soi-même ses plats.

Chaque personne a toutefois un seuil de tolérance différent au lactose, et doit donc apprendre à se connaître et à se sentir.

Si on prend un repas à l'extérieur, risquant de contenir du lactose, on pourra recourir à des comprimés de lactases vendus en pharmacie, afin d'éviter d'être mal dans les heures qui suivent.

Le lait et les produits laitiers constituent pourtant d'excellentes sources de calcium ! Il est donc essentiel, en cas d'intolérance au lactose, d'inclure dans son alimentation des produits enrichis en calcium, de s'essayer au lait sans lactose ou au lait de soja enrichi en calcium, de consommer du tofu fabriqué à base de chlorure de calcium et du fromage à pâte dure au petit déjeuner, de manger quotidiennement quelques amandes, des graines de sésame et de forcer sur les légumes verts.

➢   *La caséine et les lactoglobulines :*

Ce sont deux protéines contenues dans le lait, parmi de nombreuses autres, mais elles sont les plus connues. Dans le cas d'une intolérance à la caséine ou aux lactoglobulines, la totalité des produits dérivés du lait devront être interdits !

➢   *Les œufs :*

Les protéines de l'œuf, surtout l'albumine contenue dans le blanc d'œuf, sont source de nombreuses intolérances alimentaires.

Leur éradication est extrêmement difficile car les oeufs sont présents dans beaucoup de produits alimentaires industriels en tant que conservateurs, liants, coagulants, émulsifiants. On les trouve également dans les vaccins, dans des crèmes et dans des shampooings.

L'intolérance aux oeufs de poule signifie également une intolérance à tout autre type d'œuf (de pigeon, caille, autruche, canard, oie, etc.).

Les autres dénominations courantes désignant les œufs –qu'il s'agira donc d'éviter- incluent:

- l'albumine
- la poudre d'œuf – le jaune et le blanc d'œuf
- les oeufs séchés ou congelés
- la globuline – la lécithine E322
- la livetine - l'ovalbumine
- l'ovomucine et l'ovoglobuline
- l'ovo vitelline, le vitellin etc.…

➢   *Le gluten :*

Le gluten est formé de la combinaison de 2 protéines -la gliadine et la gluténine- qui se trouvent dans le blé (le froment), l'orge et le seigle.

L'allergie au gluten -ou maladie cœliaque- est diagnostiquée par la présence d'anticorps anti-gliadine ou anti-endomysium ainsi que par une biopsie colique positive. La maladie cœliaque est une pathologie auto-immune qui aboutit à une atrophie des villosités intestinales avec troubles d'absorption, diarrhées et syndrome carentiel. Cependant, des études récentes font état de formes frustes ou latentes avec des symptômes peu marqués, tels que le manque de fer, l'hypothyroïdie, les troubles du comportement (allant jusqu'à l'autisme), la fatigue, des inflammations, une douleur colique ou l'alternance de diarrhée et de constipation. Le diagnostic ne peut donc être posé de façon formelle que par une biopsie du colon.
Le traitement repose à son tour sur un régime strict et définitif d'éviction de sources de gluten.

L'intolérance au gluten est une pathologie plus fréquente et moins grave. Elle conduit aux symptômes insidieux des intolérances, et se diagnostique par la présence d'Ig G au gluten. L'éviction des produits à base de blé, d'orge ou de seigle, est le plus souvent temporaire ; il faut réintroduire le gluten par pallier après un certain temps d'abstinence dont la durée varie pour chaque personne, et surveiller ses symptômes.

On retrouve la farine de blé et ses dérivés dans de nombreux aliments comme: le pain, les biscottes, les pâtes, les biscuits, les gâteaux, les plats préparés, les soupes industrielles, les bouillons, les sauces et la moutarde.

Les patients cœliaques et les intolérants au gluten peuvent alternativement consommer des produits à base de farines de maïs, de riz, de millet et de quinoa, de la fécule de pomme de terre, des galettes de riz, et de nombreux autres produits vendus dans les magasins spécialisés et qui portent la mention « sans gluten ». On notera enfin que le blé germé est assez bien supporté par les personnes intolérantes au gluten, de même que l'avoine.

➤ *Les autres aliments susceptibles de provoquer des intolérances*

Tout aliment est théoriquement susceptible de provoquer des intolérances, notamment: le soja, le poisson, les fromages, les additifs alimentaires, les fruits, les légumes …

Cet état de fait confirme l'importance de varier son alimentation et d'éviter de consommer toujours les mêmes produits, ce qui peut également conduire à l'apparition d'intolérances sur le moyen terme!

Les intolérances alimentaires sont de plus en plus fréquentes et conduisent à des problèmes de santé très variés tels que prise de poids, fatigue, migraines, problèmes cutanés, douleurs articulaires ou tendineux, fatigue chronique, fibromyalgie, infections récidivantes, ….

Tout symptôme d'intolérance devrait par ailleurs faire l'objet d'une analyse de sang qui pourra permettre de déterminer le ou les aliments en cause.

Il est souhaitable de remettre les aliments incriminés dans son assiette après un laps de temps d'éviction dont la durée est souvent de quelques mois. Il faut les réintroduire par pallier, en douceur, et ensuite éviter à tout prix de les remettre chaque jour dans son alimentation afin d'empêcher qu'ils ne reproduisent les mêmes symptômes.

Les intolérances alimentaires sembleraient dues à une alimentation transformée et peu diversifiée, ainsi qu'à des comportements alimentaires peu judicieux. En effet, le stress, les repas pris sur le pouce, le manque de fibres (puisées dans les fruits, les légumes, le pain complet, le riz complet, les lentilles, ...) sont autant de causes de cette pathologie. Les symptômes sont le plus souvent variables et méconnus ! Il est fréquent de constater que les personnes vivent avec leurs plaintes qui deviennent « habitudes » et non signe de problèmes !

Je suis fatigué

Chaque personne a besoin d'énergie pour vivre et sa seule source d'énergie est l'alimentation ! Tout comme une voiture dans laquelle on ne met pas d'essence ou une essence inappropriée, notre corps a besoin du meilleur carburant possible !

La fatigue, fréquente ou prolongée, peut avoir différentes causes. En général, des mesures simples d'hygiène de vie permettent de la surmonter. Une alimentation bien équilibrée, la pratique régulière d'un sport, du sommeil en suffisance et, pourquoi pas, des siestes, sont ainsi à ajouter à notre agenda.

Le chapitre qui suit passe en revue les différentes causes de la fatigue et les moyens de les éviter par le biais de l'alimentation.

Les hypoglycémies :

Lors d'une alimentation mal équilibrée faite de grignotages sucrés et de repas contenant trop de glucides à IG élevé, des hypoglycémies réactionnelles peuvent survenir. Elles sont source d'une grande fatigue, d'un trouble de la concentration, d'un comportement parfois agressif et de malaises avec pâleur et sueurs. Ce cercle vicieux peut être contré en diminuant son apport en glucides à IG élevé et en augmentant son apport en glucides à IG bas, qui sont elles les véritables source d'énergie de notre corps.

Les acides gras saturés :

Un excès de graisses saturées va provoquer à son tour des troubles au niveau des récepteurs hormonaux avec l'apparition de résistances à l'insuline, à la sérotonine, à la leptine... Ceci conduit à un dysfonctionnement hormonal qui s'accompagnera d'une fatigue conséquente.

L'équilibre acido-basique :

En naturopathie, le traitement des maladies repose sur l'équilibrage du rapport acide-base. En luttant contre le déséquilibre acido-basique, on lutte pour le maintien de notre santé et contre les symptômes comme la fatigue.

Pour que l'organisme fonctionne au mieux, il est important d'avoir un pH sanguin et cellulaire proche de 7,4. L'organisme dispose de plusieurs systèmes de protection permettant de corriger les écarts de pH : les protéines sanguines et cellulaires captent les acides, l'os stocke les bases, mais ce sont surtout les reins, le foie, les poumons et la peau qui sont les principaux agents régulateurs. Lorsqu'un organe régulateur tombe malade, les autres se trouvent surmenés et risquent de tomber malades à leur tour. On comprend donc toute l'importance pour la bonne santé, de maintenir le degré d'acidité du sang à un niveau stable.

Dans notre société, l'alimentation est bien trop acide suite à un apport trop important en *protéines* mal compensé par les fruits et légumes alcalinisants. Les protéines animales poussent d'avantage l'estomac à produire de l'acide chlorhydrique que les protéines végétales.

L'acidose sanguine est aussi provoquée par un excès de *sucre* et par le *stress*.

Le *café, le thé, l'alcool, le tabac, les sodas, l'eau pétillante* sont autant de facteurs de déséquilibre car acidifiants.

Le *sport*, qu'il soit intensif ou absent de notre vie, est une autre cause de déséquilibre. Il doit être pratiqué sans excès.

Il semble donc important d'associer aux protéines (l'équivalent d'une paume de main) 2 fois leur volume de fruits ou de légumes (l'équivalent de la main entièrement ouverte), et ce aux repas de midi et du soir et de forcer, par ailleurs, sur l'eau plate.

L'apport suffisant en vitamines :

La *vitamine C* est connue pour contrer la fatigue ; de plus elle favorise l'absorption intestinale du fer. Elle est surtout présente dans les agrumes, les kiwis et le persil.

Les *vitamines B* sont également très importantes pour le bon fonctionnement de l'organisme. La vitamine B9 se trouve dans les légumes verts foncés et la vitamine B12 dans les produits animaliers.

Le *fer* le mieux absorbé se retrouve dans les produits animaliers (surtout dans les viandes rouges et dans le foie). On en trouve aussi dans les légumes et légumineuses ainsi que dans les noix et les noisettes. En cas d'insuffisance, il faut donc manger de la viande et clôturer son repas par un agrume.

Le *magnésium* se trouve quant à lui dans le chocolat, les produits laitiers, les céréales, les lentilles et les oléagineux. Il se retrouve également dans les eaux minérales de type Contrex, Hépar.

Il est judicieux de limiter la consommation de *produits excitants* tels que café, thé, colas, tabac, chocolat noir, et de maintenir des bons apports des vitamines et minéraux précités.

Les effets de l'alimentation transformée :

Les colorants cachés dans les aliments industriels sont source d'un dysfonctionnement cérébral prouvé par scanner cérébral. Qu'en est-il des autres additifs alimentaires ?

L'altération de la barrière intestinale :

La bonne santé intestinale est également responsable de notre niveau d'énergie.

La barrière intestinale va ainsi:
- empêcher la pénétration des toxines, ce qui évitera au foie de travailler de façon excessive

- éviter au système immunitaire sanguin de se battre contre virus et microbes qui ont passé la barrière
- refuser l'accès aux aliments mal digérés
- permettre l'entrée des minéraux et vitamines dont on a besoin car même si on les mange, encore faut-il qu'ils soient absorbés !

La flore intestinale est très sensible à l'équilibre acido-basique des aliments. Elle est mal-menée en cas d'acidité alimentaire et une dysbiose risque alors de s'installer.

La dysbiose conduit à son tour au développement de bactéries potentiellement pathogènes, c'est à dire de bactéries qui sécrètent des toxines endommageant la paroi intestinale. Cela provoque un état inflammatoire avec des troubles d'absorption de la cellule intestinale. Les conséquences de cette malabsorption seront une carence en vitamines et en minéraux et donc une grande fatigue.

Bonjour...

Je combats le cancer

L'influence de l'alimentation sur l'apparition de cancers a fait couler beaucoup d'encre. Les recherches actuelles se penchent sur le rôle protecteur des aliments, en tentant de répondre aux questions : *de quelle façon faut-il manger pour éviter de tomber malade ?*

Y a-t-il une alimentation spécifique ? Que faut-il manger et que faut-il éviter ? Certaines études tendent ainsi à affirmer le rôle protecteur des brocolis, des tomates et du soja contre les cancers. *Qu'en est-il ?*

Mais avant de faire l'état des lieux de la question de l'alimentation anti-cancer, examinons au préalable les causes de développement d'un cancer.

On distingue en effet deux phases dans la survenue d'un cancer :

- La phase d'initiation: qui dépend de facteurs génétiques, mais également de l'environnement. Les toxines physiques et chimiques ainsi que le comportement alimentaire vont à ce stade influer sur le risque d'apparition de cellules cancéreuses.

- La phase de développement dépend pour sa part:
    • du terrain métabolique (présence d'inflammations ou d'acidose –cf. ci-après),
    • de l'alimentation,
    • du psychique, qui n'est donc pas un déclencheur mais qui intervient dans le développement des cancers
    • du mode de vie (sport, gestion du stress…)

Quelles sont les causes d'apparition des cancers?

1. Le stress oxydatif :

Le stress oxydatif et les radicaux libres sont, de diverses manières, à l'origine de la majorité des cancers. Ce sont donc eux, nos ennemis ! On doit éviter les facteurs causant ce stress oxydatif en diminuant le nombre de radicaux libres (tabac, pollution, stress, soleil …) et en augmentant le nombre d'antioxydants (fruits, légumes, thé vert …)

2. L'inflammation :

Autre déclencheur du cancer, l'inflammation trouve elle-même différentes causes comme:

- Un rapport d'omégas 6 / 3 qui avoisine les 12 au lieu de l'équilibre recommandé de 4. Ce rapport élevé est ainsi responsable dans notre pays d'inflammations « à bas bruit », c'est-à-dire d'inflammations ne donnant pas encore de pathologies mais constatées dans les prises de sang

- les agents infectieux, les virus, bactéries et champignons contenus dans les aliments mal conservés
- le stress, l'environnement, la pollution et la cigarette.

3. L'acidose métabolique :

Lorsque l'alimentation est trop protéinée, elle est source d'acidose métabolique. Les personnes qui mangent du pain avec de la charcuterie à midi, et qui prennent le soir un plat de pâtes avec du fromage ou de la viande avec des pommes de terre risquent de voir apparaître une acidose tissulaire. Il est très important de rajouter à l'alimentation des fruits et des légumes qui sont alcalinisants !

4. L'obésité :

L'obésité est une des principales causes de survenue de cancers, avant celle due au tabac ou aux mauvaises habitudes alimentaires !

En effet, la cellule graisseuse produit de nombreuses molécules notamment inflammatoires responsables, entre autre, d'une insulino-résistance (aggravant le cancer). Elle sécrète également des œstrogènes et engendre ainsi des cancers oestrogénodépendants (voir ménopause).

L'obésité est ainsi responsable des cancers de l'œsophage, du pancréas, du colon, de l'endomètre, du rein et du sein chez les femmes ménopausées.

5. La barrière intestinale :

Le cancer survient également lorsque l'organisme est envahi par un grand nombre de toxines et qu'il n'est plus capable de s'en défendre. Ceci confirme l'importance de notre barrière intestinale qui joue un grand rôle dans l'entrée des substances toxiques ; si elle n'est pas bien entretenue, elle ne pourra plus jouer son rôle de barrière et toutes les substances présentes dans l'alimentation et donc dans l'intestin, vont rentrer dans le sang sans contrôle.

6. Le dysfonctionnement du foie :

Le foie est l'organe de détoxication qui transforme les déchets en les rendant solubles dans l'eau, afin qu'ils puissent être évacués par l'urine. Ce processus s'accomplit en deux phases: une première, lors de laquelle les toxines sont rendues solubles mais où elles sont alors à l'état le plus dangereux, et la seconde lorsqu'elles sont neutralisées et évacuées dans les selles ou dans l'urine.

Il importe donc de prendre soin de son foie pour lui permettre d'accomplir son travail jusqu'au bout. Certains aliments sont les amis inconditionnels du foie ; ce sont les crucifères, qui comprennent les brocolis, les choux-fleurs, le choux chinois, le chou de Bruxelles, le cresson, le navet, les radis, ainsi que les fruits rouges, le romarin et le thé vert. Ils apportent en effet les enzymes essentiels à la deuxième phase d'élimination.

7. Les gènes sont bien sûr un autre facteur.

Comment empêcher l'évolution des cancers ?

En contrant l'acidose tissulaire :

L'acidose tissulaire survient lorsque une cellule cancéreuse transforme le glucose en ATP. En effet, contrairement aux cellules normales qui produisent 38 ATP avec une molécule de glucose, la cellule cancéreuse n'est pas apte à traiter le glucose de la même façon et ne parvient à fabriquer que 2 ATP. Cette déficience conduit à la production d'acide lactique qui attaque l'ADN de façon irréversible.

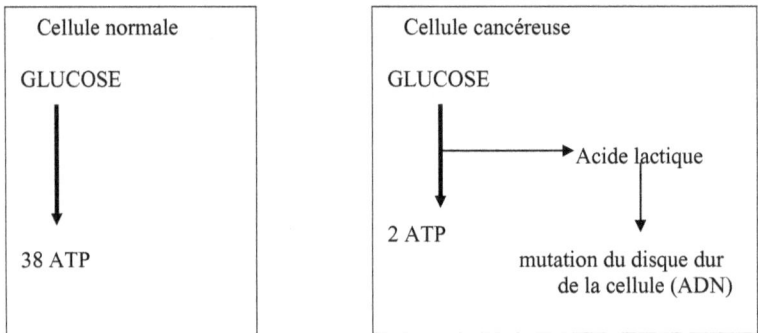

Cellule normale	Cellule cancéreuse
GLUCOSE	GLUCOSE → Acide lactique
↓	↓
38 ATP	2 ATP → mutation du disque dur de la cellule (ADN)

La cellule cancéreuse est donc une grande consommatrice de sucre car elle ne l'utilise pas de façon rentable. C'est pourquoi un cancer est très vascularisé, le sang lui amenant ainsi le plus de sucre possible. Le sucre est donc un facteur de croissance évident !
L'insuline est aussi un grand facteur de cancer : quand on mange trop de sucre, on augmente l'insuline et on risque de voir apparaître une résistance à l'insuline responsable d'un syndrome métabolique et d'une augmentation du risque de cancers !
L'acidose doit être contrée par des aliments alcalinisants comme les fruits et les légumes.

Le comportement alimentaire à adopter

L'alimentation ne constitue qu'un facteur parmi d'autres, ayant une incidence sur le développement des cancers, en même temps que d'autres facteurs évidents comme le fait de fumer, le surpoids, l'exposition excessive au soleil, les virus, les déséquilibres hormonaux ou l'effet de la pollution et des ondes (GSM, micro-ondes, etc.).

L'alimentation va par ailleurs soit exercer un effet protecteur contre le cancer, soit contribuer à son évolution.

A consommer sans modération…

En étudiant l'influence de l'alimentation sur l'apparition des cancers, les chercheurs ont constaté des différences selon les pays, les régions et les cultures. On a ainsi mis en évidence une proportion plus élevée de cancers du sein en présence d'une alimentation riche en graisse conduisant à un excès pondéral, tandis que le cancer du côlon survient davantage en présence d'un apport insuffisant en fibres.

Dans le même temps, les études prennent en compte d'autres facteurs influençant les cancers, comme notamment l'activité physique, le tabac et le degré d'exposition à la pollution et au stress.

En tout état de cause, la consommation de fruits et légumes est indispensable pour contrer le **stress oxydatif** et l'effet bénéfique de ces aliments semble bien supérieur à l'effet toxique des pesticides qu'ils pourraient contenir. Ils sont en effet une source essentielle d'antioxydants. Les carottes doivent être cuites entières et non découpées pour garder leur effet protecteur. Les tomates cuites prises chaque jour, vont réduire significativement le risque du cancer de la prostate. Les fruits et légumes vont, de plus, neutraliser l'**acidité** tissulaire. Le thé vert de bonne qualité est à consommer sans modération.
Une pratique médicale a été de donner des compléments anti-oxydants pour réduire ces risques chez les patients. Les doses prescrites étaient cependant trop élevées, ce qui a conduit à faire plus de mal que de bien. Des doses plus raisonnables ont ensuite été administrées, mais les résultats ont alors montré l'apparition d'un nombre accru de cancers dans certaines catégories de personnes, comme les fumeurs. En conséquence, on tend à l'heure actuelle à prescrire des compléments personnalisés, déterminés au cas par cas. On conseille ainsi, par exemple, aux personnes à haut risque de cancer mais qui consomment beaucoup de fruits et de légumes, de faire uniquement des cures périodiques d'antioxydants.

Il est important de prendre le plus possible de poissons gras ou de rajouter de l'huile de colza ou quelques noix afin de rétablir la balance des acides gras à un taux protecteur **anti-inflammatoire**. Si le poisson ne plait pas ou qu'une personne y est allergique, les compléments alimentaires pharmaceutiques peuvent être pris chaque jour.

On pourra aussi contrer l'entrée des toxines en arrêtant tout simplement d'en consommer, mais aussi en les empêchant de pénétrer grâce à notre plus grande barrière naturelle qu'il soit, à savoir notre **intestin**. Il faut donc maintenir son imperméabilité à tout prix.

On veillera également à consommer des aliments bénéfiques pour le **foie** car, comme on l'a vu, cet organe de nettoyage a besoin d'apports pour traiter et éliminer rapidement les toxines libérées au cours de la première phase d'élimination hépatique.

Par ailleurs, il faut maintenir un apport suffisant en **vitamine D**, qui est un puissant inhibiteur de cancer, en favorisant le suicide des cellules cancéreuses et en freinant ainsi leur multiplication. On fabrique la vitamine D sous l'effet du soleil et on le retrouve également dans les poissons gras. Il est à noter que les oméga 3 exercent à cet égard une fonction similaire à la vitamine D. La population est souvent en carence de vitamine D, car on se protège des rayons solaires néfastes pour la peau ou parce que les poissons gras ne sont pas ancrés dans nos habitudes alimentaires.

On notera enfin que le **calcium** offre une protection contre le cancer du colon mais il favorise aussi, à forte dose, le cancer de la prostate.

Les aliments à éviter :

Pour s'armer contre le risque de cancer, on veillera, entre autre, à éviter :
- l'alcool en excès ;
- les boissons trop chaudes ;
- les sucres à IG élevés car ils augmentent l'insuline (l'hormone de stockage) ;
- les benzopyrènes qui sont les substances formées lors du fumage des aliments, vu qu'ils favorisent les cancers digestifs ; il s'agira d'être prudent lors de l'utilisation de barbecues en particulier, et lors de la consommation d'aliments grillés ou fumés en général
- les nitrosamines : qui sont des substances présentes dans les charcuteries, les viandes et les poissons séchés, ainsi que dans les aliments contenant des nitrites
- les colorants et additifs alimentaires qui sont utilisés dans les produits transformés et dont l'interaction entre eux provoque, au final, des risques non négligeables sur la santé
- les acides gras trans présents dans les plats préparés, les biscuits, les viennoiseries, les fritures, la mayonnaise et tout autre produit industriel
- les mycotoxines ou toxines issues de champignons microscopiques qui se développent sur les aliments tels que les céréales ou les arachides. De nos jours, les cultures ainsi que les techniques de récolte et de stockage ont été en grande partie adaptées pour les prévenir.

Les huit recommandations de la Recherche Contre le Cancer

Ces recommandations peuvent être résumées comme suit :

1. Evitez le surpoids en respectant la qualité et la quantité des macronutriments ; variez votre alimentation.

2. Limitez les aliments très caloriques tels que les sodas sucrés, les plats préparés et les fast food.

3. Consommez des fruits et légumes chaque jour en variant leur couleur. Remettez les lentilles à l'ordre du jour, et incluez de l'ail et des oignons dans toutes vos préparations ! On conseille globalement une prise de 600 grammes de fruits et de légumes par jour, complétés de 25 grammes de légumineuses et de céréales complètes.

4. Limitez la consommation de viande rouge (moins de 500g /semaine) ainsi que les charcuteries, et augmentez la quantité de poisson. Les gros mangeurs de viande rouge peuvent toutefois diminuer leur risque associé de cancer colorectal, en rajoutant à la viande une portion supérieure de légumes.

5. Buvez modérément du vin rouge, à savoir deux verres par jour pour les hommes et un pour les femmes. Forcez plutôt sur l'eau et le thé vert. On déconseillera toutefois aux personnes qui fument et qui mangent peu de légumes de consommer du vin ! Enfin, le vin n'est à prendre que pendant un repas contenant des légumes et non en dehors des repas. Même les médecins français commencent à parler de la toxicité du vin et de la nécessité de ralentir sa prise et de la contrôler…

6. Soyez vigilants avec la préparation, la transformation et la conservation des aliments, en vous rappelant que:

⇨ Il faut limiter la consommation de sel présent dans les plats préparés, les fromages, les charcuteries, les conserves et le pain. Le sel est en effet un tueur silencieux et forme une des causes du cancer de l'estomac ;

⇨ Les céréales bio sont parfois mal conservées et source de champignons toxiques !

⇨ Le barbecue, si convivial, doit être associé à la prise d'aliments riches en vitamine C (crudités) pour contrer les benzopyrènes;

⇨ Les huiles de cuisson ne doivent ni fumer, ni noircir.

7. Evitez les compléments alimentaires chaque jour, et n'en prenez que périodiquement.

8. Pratiquez du sport, en y prenant du plaisir.

Quelques remarques finales

L'effet protecteur exercé par l'alimentation contre le cancer résulte de l'action combinée de diverses substances présentes dans les aliments. C'est la règle 1 + 1 = 3 qui s'applique.

On se souviendra aussi qu'une personne qui a déjà eu un cancer comporte davantage de risque d'en développer un autre qu'une personne qui n'a jamais surmonté cette épreuve de vie. Il est donc indispensable d'apprendre les bons réflexes alimentaires et de prendre l'habitude de faire de la marche ou du sport pour s'armer contre tout risque futur.

Enfin, on notera que l'allaitement –qui est certes très recommandé par tout médecin- ne sera bénéfique pour le bébé que si la maman mange très correctement. Le lait maternel sera ainsi concentré en dioxine si on en a consommé, et il sera source de déséquilibre si l'alimentation de la maman n'est pas saine. En particulier, le rapport en omégas 6/3 de la mère contribuera grandement à diminuer – ou à accroître le risque potentiel de cancer chez l'enfant.

On constate que plus de 40% des maladies sont liées à l'alimentation !

Et moi ?

Je combats le cholestérol

Le cholestérol fait peur, il est associé aux maladies du cœur et des vaisseaux et est considéré comme un adversaire à combattre sans discussion. Cependant, il nous est très utile ! A quoi nous sert-il donc et doit-on le considérer comme l'ennemi numéro 1 ?

Le cholestérol ne représente que 5% des apports alimentaires en graisse. Les 95% restants se présentent sous forme de triglycérides.

Les triglycérides et le cholestérol sont donc des molécules tout à fait distinctes, mais qui sont repris dans la même catégorie de lipides du fait de leurs similitudes.

Notamment:
- ils sont synthétisés à partir de la même molécule (Acétyle coenzyme A),
- ils sont tous deux impliqués dans des problèmes cardio-vasculaires,
- tous deux entrent dans la composition des membranes cellulaires,
- leur mode de transport dépend de lipoprotéines communes.

Le cholestérol

Le cholestérol alimentaire se trouve essentiellement dans les aliments d'origine animale.

Le cholestérol ne se concentre pas dans le gras des aliments. En d'autres termes, on ne diminuera pas son taux de cholestérol en mangeant de la viande maigre plutôt que grasse, mais on réduira en revanche la prise d'acides gras saturés.

Une exception concerne toutefois le lait, dont le gras concentre effectivement le cholestérol : il vaut donc mieux manger des produits laitiers allégés en graisse si on désire éviter un taux de cholestérol élevé.

Le phytostérol

Le phytostérol désigne le cholestérol végétal, qui s'apparente beaucoup au cholestérol animal.

On trouve cette substance dans les graines, les céréales, les légumineuses, les noix, les huiles végétales, ainsi que dans plusieurs fruits et légumes.

Les phytostérols alimentaires ne sont que très partiellement absorbés par l'organisme (moins de 5%) ; or ils ont un effet bénéfique en aidant à freiner l'absorption du cholestérol par l'intestin. On peut ainsi contribuer à abaisser de 10% son taux de mauvais cholestérol (LDL) en incluant dans son alimentation des aliments à but thérapeutique, comme certaines margarines enrichies en phytostérols.

Les fonctions du cholestérol

Contrairement aux autres lipides, le cholestérol n'est pas utilisé comme source d'énergie par l'organisme. Il ne peut donc pas être transformé en glucose et rentrer dans la fabrication de notre ATP (énergie).

Le cholestérol permet la synthèse des **hormones** stéroïdiennes, dont la cortisone, la progestérone, l'œstrogène, la testostérone et la DHEA. C'est à partir du cholestérol que sont synthétisées les hormones sexuelles et surrénaliennes.

Il est par ailleurs le précurseur de la **vitamine D**, indispensable à la fixation du calcium dans les os et à une protection générale contre les cancers. Sa synthèse s'effectue à l'intérieur de la peau exposée aux rayons solaires.

Le cholestérol est également responsable de la production des **acides biliaires** qui permettent la digestion des graisses alimentaires.

Enfin, il rentre dans la composition des **membranes cellulaires**, à côté des acides gras.

Les sources de cholestérol

Le cholestérol provient à la fois:

- de l'alimentation : responsable seulement de 30% du cholestérol sanguin
- du foie
- de la réabsorption intestinale

On distingue deux types de patients au cholestérol élevé, soit:

- des personnes minces et dont l'alimentation est « normale »,
- des personnes en surpoids, atteintes d'un syndrome métabolique.

On notera par ailleurs que 50 % des patients coronariens ne présentent pas un taux de cholestérol très élevé dans le sang. Dans un cas sur deux, une personne atteinte d'un problème cardio-vasculaire aura donc un taux de cholestérol sanguin normal.

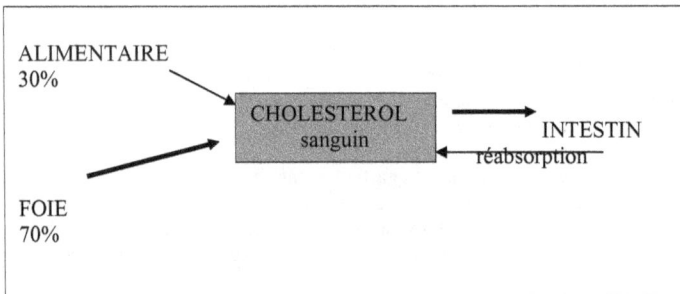

Le cholestérol lié à l'alimentation :
L'apport des lipides alimentaires n'est pas la cause principale de l'hypercholestérolémie car le cholestérol ingéré ne représente que 30% du cholestérol sanguin. Cependant il semble judicieux de ne pas dépasser 300 mg par jour de cholestérol alimentaire. Il faut en particulier veiller à ne pas absorber trop d'acides gras saturés.

On retrouve particulièrement le cholestérol dans le beurre, les fromages, les produits laitiers entiers, les jaunes d'œufs et les abats. Les charcuteries, les viandes grasses comme l'agneau et les parties grasses de la viande (côtes, etc.) doivent également être évitées, du fait de leur richesse en acides gras saturés.

Les lipides sont présents en moindres quantités dans les viandes maigres, et encore moins dans les végétaux (le phytostérol contribue au contraire à abaisser le cholestérol).

Le cholestérol d'origine métabolique :

Le cholestérol d'origine métabolique provient du foie, ainsi que d'une absorption excessive par l'intestin.

Le cholestérol est en effet fabriqué par le **foie**, à partir du glucose. Sa production est donc accélérée par un apport élevé en aliments à index glycémique élevé ! Elle peut à l'inverse être ralentie par un apport en acides gras mono-insaturés et en acides gras poly-insaturés.

Dans le même temps, le pool de cholestérol en circulation n'est pas uniquement dû à la synthèse hépatique, mais aussi à son absorption **intestinale**. Le cholestérol est éliminé du sang par la voie biliaire, et se retrouve dans l'intestin où il est soit réabsorbé, soit évacué dans les selles.
La raison d'une absorption massive du cholestérol par l'intestin est encore inconnue mais on sait que les probiotiques (bons microbes) et les prébiotiques (fibres alimentaires) réduisent nettement la cholestérolémie.

Le phytostérol ou cholestérol végétal contribue également à abaisser le cholestérol, en entrant en compétition avec le cholestérol animal et en empêchant ainsi son absorption par l'intestin.

Les autres raisons d'une hypercholestérolémie :

Celle-ci peut être liée à :
- des mauvaises habitudes alimentaires,
- des maladies métaboliques : l'obésité, la goutte, le diabète,
- des affections endocriniennes : l'hypothyroïdie, l'hypercorticisme,
- des affections hépatiques et pancréatiques,
- une prise de médicaments comme les anti-hypertenseurs, la cortisone, les bêta bloquants, des diurétiques, la pilule contraceptive,
- des facteurs héréditaires : un manque quantitatif de récepteurs LDL permettant au cholestérol de rentrer dans les cellules.

Le transport des lipides dans le sang

Les lipides ne sont pas solubles dans l'eau et sont transportés dans le sang par des protéines, ils se transforment alors en **lipoprotéines** (protéine transporteuse + lipide).

Les lipoprotéines se distinguent entre elles par leur teneur respective en protéine, en cholestérol et en triglycéride.

-       Le LDL (mauvais cholestérol ou lipoprotéine de basse densité) est ainsi une lipoprotéine composée à 75% de cholestérol et à 25% de triglycérides ;
-       Le HDL   (bon cholestérol ou lipoprotéine de haute densité) se compose pour sa part uniquement de protéine et de cholestérol ; il ne contient pas de triglycéride.

Les lipoprotéines oxydées

Nos membranes cellulaires sont dotées de récepteurs LDL qui ont pour but de transformer le LDL (mauvais cholestérol) en HDL (bon cholestérol).

Or certaines lipoprotéines oxydées par le stress oxydatif peuvent perdre leur pouvoir fixant et ne plus être reconnues par les récepteurs LDL des cellules.

Les lipoprotéines sont alors tuées et mangées par des macrophages (cellules qui nous protègent et qui se trouvent dans notre sang). Ils sont à l'origine de l'athérosclérose qui est une dégradation des artères. Ce n'est donc pas le mauvais cholestérol en lui-même qui semble être à l'origine de problèmes cardio-vasculaires mais bien le mauvais cholestérol oxydé.

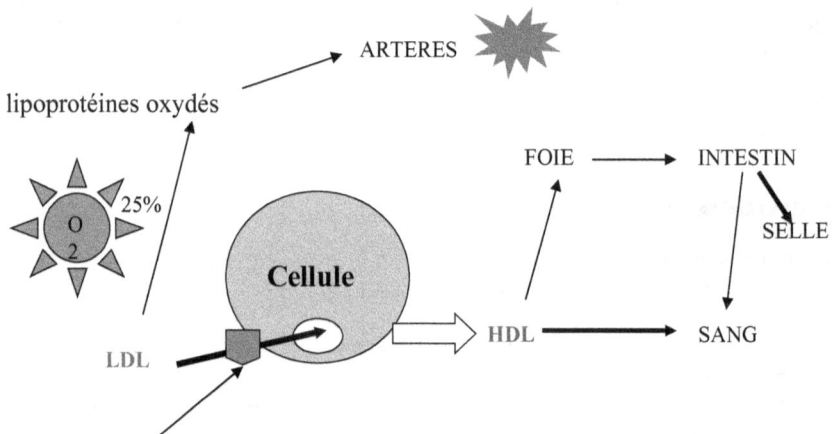

Les Récepteurs LDL : Il peut y avoir un déficit :
-    quantitatif qui est génétique (c'est l'origine de la cholestérolémie familiale !)
-    qualitatif : lorsque l'alimentation est trop riche en acides gras saturés.

Les objectifs d'une alimentation axée sur la lutte contre le cholestérol :

➢ *Limiter les apports en cholestérol alimentaire :*

Afin de maîtriser son taux de cholestérol, on veillera :
- à ne pas dépasser la dose quotidienne de 300 mg de lipides
- à limiter sa consommation de jaunes d'œufs, de foie et d'abats
- à éviter les excès de sucreries car le glucose est transformé en cholestérol dans le foie

On notera que le cholestérol absorbé le matin, au petit déjeuner, semble diminuer le taux de cholestérol sanguin.

Par ailleurs, on se souviendra que tout apport en acides gras saturés n'est évidemment pas le bienvenu !

➢ *Protéger ses fonctions digestives :*

On veillera aussi à favoriser une bonne barrière intestinale en consommant :
- des probiotiques présents dans les yaourts, le camembert, ou le lait fermenté ;
- des prébiotiques, soit des fibres que l'on retrouve surtout dans les fruits, les légumes, les légumineuses, les fruits secs, les céréales complètes...
- du phytostérol ou cholestérol végétal qui va occuper les sites intestinaux du cholestérol et diminuer ainsi son absorption. On en trouve en bonnes quantités dans les graines, les céréales, les légumineuses, les noix, les huiles végétales, ainsi que dans plusieurs fruits et légumes. Les produits enrichis en phytostérols (Becel pro-activ, etc.) sont en revanche à réserver aux personnes qui ont tendance à avoir trop de cholestérol dans le sang et non à leur famille, pas aux enfants, ni aux femmes enceintes ou allaitantes pour lesquels la prudence s'impose même!

➢ *Préserver les récepteurs LDL des cellules :*

Il convient pour cela d'éviter les acides gras saturés, présents notamment dans le beurre, la crème, les charcuteries, les viennoiseries, les fromages gras, les yaourts entiers et les fritures.

On veillera par contre à favoriser la consommation d'aliments riches en oméga 3 et à diminuer son apport en oméga 6.

➢ *Eviter le stress oxydatif et le combattre :*

Il est très important d'avoir une bonne hygiène de vie, d'éviter tout stress négatif, de faire du sport régulièrement, et de manger des antioxydants en excès : fruits, légumes, soja , thé vert ...

Le principe de l'alimentation crétoise

L'alimentation crétoise réunit les conseils précités, à savoir qu'elle vise à réduire le stress oxydatif et les inflammations métaboliques en prônant de :

- diminuer les sucres et sucreries,
- augmenter les protéines végétales complètes, tout en réduisant la consommation de viande, de laitages et de gluten (blé)
- abuser des oméga 3 (poissons et huile de colza ou de noix),
- puiser des antioxydants dans le vin, le thé, les fruits et les légumes,
- réhabiliter les fruits secs et les légumes secs.

La pratique d'un sport

En dernier lieu, le sport occupe une place importante dans la prise en charge de l'hypercholestérolémie.

Pratiquer un sport, trois fois par semaine, durant 30 minutes et à un bon rythme (qui permet de parler mais pas de chanter) conduit à une augmentation du HDL cholestérol avec une nette réduction du taux de triglycérides et de cholestérol total. C'est d'ailleurs le meilleur moyen de faire augmenter le taux de bon cholestérol.

Petite anecdote concernant la publicité:

Au Mexique, il y a quelques années, les ventes d'huile d'olive ont explosé et ce malgré son prix exagérément élevé. Sur la bouteille, une inscription -certes véridique- indiquait :

****NOUVEAU****

  Huile d'olive spéciale sans cholestérol !

(Ils sont futés ces industriels)

MoreBooks!
publishing

mb!

Oui, je veux morebooks!

i want morebooks!

Buy your books fast and straightforward online - at one of world's
fastest growing online book stores! Environmentally sound due to
Print-on-Demand technologies.

Buy your books online at

www.get-morebooks.com

Achetez vos livres en ligne, vite et bien, sur l'une des librairies en
ligne les plus performantes au monde!
En protégeant nos ressources et notre environnement grâce à
l'impression à la demande.

La librairie en ligne pour acheter plus vite

www.morebooks.fr

VSG
VDM Verlagsservicegesellschaft mbH
Heinrich-Böcking-Str. 6-8   Telefon: +49 681 3720 174   info@vdm-vsg.de
D - 66121 Saarbrücken   Telefax: +49 681 3720 1749   www.vdm-vsg.de

www.ingramcontent.com/pod-product-compliance
Lightning Source LLC
Chambersburg PA
CBHW020357270326
41926CB00007B/469

9 783639 482355